文化和价值（修订本）

维特根斯坦笔记

〔奥〕路德维希·维特根斯坦 ◎ 著

许志强 ◎ 译

浙江大学出版社
ZHEJIANG UNIVERSITY PRESS

修订译本序言

许志强

一

《杂论集》（*Vermischte Bemerkungen*）是哲学家路德维希·维特根斯坦（1889—1951）的一部言论选集，或曰札记精选录，由他的学生冯·赖特（G. H. von Wright）教授编选，出版于1977年。德文和英语译文的对照本于1980年出版，易名为《文化和价值》（*Culture and Value*）。国内首个中译本是清华大学出版社于1987年出版的《文化和价值》。三十年来，已有多个中译本问世。

维特根斯坦的著作主要是《逻辑哲学论》和《哲学研究》，其他如笔记、讲义及弟子编选的著述可以说是围绕两部代表作的支流，有些是草稿、素材或旁注。例如，《战时笔记》的一部分被吸纳到《逻辑哲学论》一书中，《蓝皮书和褐皮书》《数学基础研究》《论确实性》等书和《哲学研究》的论题密切相关，有些内容是重复的。当然，也有相对独立的"著作"，如《美学讲座》等。被列入维特根斯坦遗稿的文字，有些在哲学家生前就以打印稿形式流传，但绝大多数都是作者过世后整理出版的。这些"著作"不外乎三种形式：一种是讲课笔记，由学生记录整理，如《美学讲座》等；一种是作者生前就在撰写和修改的书稿，但无出版计划，如《褐皮书》等；一种是由他人根据遗留的文字材料编辑成书，如《文化和价值》等。它们对了解维特根斯坦的思想和哲学都颇有裨益。

《文化和价值》汇集了作者从1914年至1951年间所作的笔记。这个编年体选集的时间跨度大，基本上涵盖了作者的创作生涯。在维特根斯坦的"著作"中，未见一本书有这个叙述长度。它内容丰富，涉及哲学、宗教、历史、科学、教育、心理学、逻辑学、语言学、美学、艺术、音乐、道德等等；其人文涵养和精辟见解对不同层次的读者都有吸引力，面世之后一直受到广泛阅读。

学术界的情况则不太一样。查阅近年来国内研究文献可以看到，美学研究主要是针对《美学讲座》，伦理学针对《战时笔记》《维特根斯坦论伦理学与哲学》等，而以《文化和价值》为对象展开探讨的并不多。虽说它的不少观点和《美学讲座》《哲学研究》有密切关联，它的宗教评论数量可观，尤其值得重视，但是通常的专题研究似乎不如评传写作对它更感兴趣。瑞·蒙克的《维特根斯坦传：天才之为责任》第二十三章、第二十四章，探讨哲学家的文化终结观及末世论思想，引文主要出自《文化和价值》。学术论文引用率不高，固然是由于其专题性质不强，但也存在别种有待考量的因素，值得加以关注。

先从它的一般特色谈起。赖特在1977年德文版序言中指出，"此书和作者的哲学工作并无直接关联"。它是一般分类主题（美学和宗教）及自传性笔记的汇编，没有统一议题，上下文较少关联。从成书的角度讲，这是维特根斯坦著作中人工痕迹最重的一本。可以肯定地说，维特根斯坦本人是不会去写这样一本书的。是编者苦心孤诣，从遗稿中摘录警句格言及札记选段，编成集子以飨读者。赖特在序言中说：

> 不熟悉维特根斯坦的生活环境和他所涉猎的读物，在没有进一步解释的情况下，读者会感到有些言论晦涩难解或莫名其妙。……我也同样确信，只要参照维特根斯坦的哲学背景，这些笔记就能得到恰当的理解和欣赏，而且，它们会有助于我们理解他的哲学。

在《维特根斯坦和传统》一文中他却暗示道，有必要将这些笔记视为理解哲学家思想的背景材料。他指出，由于英美的学术圈对维特根斯坦的文化传统不甚了然，他们对其哲学的理解外在于他的文化传统，这是不对的。而随着阿兰·雅尼克、斯蒂芬·图尔敏合著的《维特根斯坦的维也纳》以及瑞·蒙克等人撰写的传记陆续面世，这方面的空白已得到填补。

揣测编者初衷，他是想在《文化和价值》中展示这幅背景图。例如，对维特根斯坦产生深刻影响的斯宾格勒、魏宁格等，是这幅图像不可或缺的部分；贝多芬、勃拉姆斯、拉博（Josef Labor）等，其意义恐怕不限于音乐欣赏，而是自我塑形的参照，标示其品位和反思的渊源。哲学家一般少有披露的成长、焦虑和精神挣扎弥漫于这幅图像。维特根斯坦的"著作"中，唯有《文化和价值》载有如此生动的人格和情绪的内容。赖特强调维特根斯坦的"人格"表述和"纯哲学"之间的区分，试图将前者抽离出来，构成其哲学和人文传统的一堵背景墙，同时又试图暗示两者之间的关联。如果不展示斯宾格勒、魏宁格等人在其精神世界中的位置，这对理解其"纯哲学"应该说影响不大，但对了解他的思想来说是不完整的。鉴于"思想"和"纯哲学"难以分割，不可低估这种展示的重要性。可以说，将笔记辑录成书的主要意图即在于此，而这也大致框定了此书的学术价值和意义。

赖特敢"斗胆"编辑这样一本书（他称之为"我制作的文本"），恐怕也是因为他考虑到维特根斯坦与其敬仰的帕斯卡、利希滕贝格一样，经常写格言警句式的短句子和短小节段。《逻辑哲学论》《哲学研究》也都不是长篇大论，遣词造句体现其一贯的文体倾向和特点，即追求一种高度精确的口语化风格，一种迷人的精巧和深刻，比喻极为讲究。赖特是否因此认为制作《文化和价值》十分必要，即通过一个兼具可读性和风格化的"作品"展示哲学家的写作风貌？从实际效果看，这一点是毋庸置疑的。赖特在《维特根斯坦传略》一文中声称，作为语言艺术家的维特根斯坦理应在德语文学史上占据一席之地。他坚信，《逻辑哲学论》《哲学研究》的文学价值不会湮没无闻。

　　研究"纯哲学"的，一般不会特别重视这个说法。搞文艺研究的，当然会意识到维特根斯坦的"艺术性"，像苏珊·桑塔格、特里·伊格尔顿等，满怀激情（或傲慢？）为之发声，甚至将哲学家描绘成一位先锋文人和艺术怪杰。约翰·吉布森、沃尔夫冈·休默编的《文人维特根斯坦》体现对赖特观点的回应，值得关注。谈到美学问题，首先应该说明，维特根斯坦对美学的看法（见《美学讲座》）和他的文艺批评不是一回事，两者不可混淆。而"文学性"问题还是有必要以常规的文艺批评来介入。

二

这里我想先从瑞·蒙克的《维特根斯坦传：天才之为责任》（王宇光译）中转引一段文字，对它做个点评。摘录的是维特根斯坦1930年致友人吉尔伯特·帕蒂森的一封信，如下：

我亲爱的吉尔（老畜生）：

你有一个野心勃勃的目标；你当然有；否则你就只是一个有着老鼠的精神而不是人的精神的流浪者。你不满足于待在你所在的地方。你想要生活之外的更多东西。为了你自己的和依靠（或将依靠）你的人的利益，你配得上一个更好的地位和更高的收入。

你也许会问，我怎么能把自己抬高到钱拿少了的人的行列之外？？为了思考这些和其他问题，我退回到上述地址之所在，一个离维也纳约三小时路程的乡村。我购买了一个新的大写字本，其商标已装入信封，我正在做大量工作。我还装入一张我最近拍的照片。我的头顶裁掉了，我做哲学不需要它。我发现，佩尔曼式记忆法是组织思想的最有用的方法。靠着那些小灰本子，就有可能"卡片式地索引"我的头脑。

欧洲作家中，谁的语言比较接近这些书信的格调呢？

我首先想到的就是塞缪尔·贝克特。

这里援引哲学家谈论"大写字本"和"小灰本子"的"废话"，而不是从《逻辑哲学论》等著作中摘引高度风格化或诗意的句段，总之是想要展示一个未被充分讨论的维特根斯坦，其机巧的废话写作不输于（而且不迟于）塞缪尔·贝克特的同类写作，其自我镜像的绘制则和两次大战时期英美的"唯我主义者"相似，气质上有过之而无不及。遣词造句饶舌的节奏在译文里仍感受得到，而"我购买了一个新的大写字本，其商标已装入信封""我的头顶裁掉了，我做哲学不需要它"之类的俏皮话，较之于罗素、摩尔等前辈学者，战后存在主义一代新人或许更能与之共鸣。过去我们把这种神经质的文雅视为贝克特的独家商标，殊不知维特根斯坦早就这样写了，而且颇契合于尼采对"生活形式"（form of life）的重视。

《文化和价值》对"生活形式"的感悟，有其令人难忘的特色。这方面例子不少，这里摘引 1930 年的一则笔记（节选），是作者评论友人恩格尔曼的一句话，后者说从抽屉翻出手稿阅读时，觉得饶有意趣，但一想到付诸出版，整件事就变得索然无味……维特根斯坦对此阐释道：

> ……没有什么比一个自以为未被注意地做着极简单的日常活动的人更值得注目的了。让我们设想一家剧院，大幕拉开，我们看见某人独自在房间里走来走去，点燃一根香烟，让自己坐下来等等。这样我们就突然是在用我们通常不可能观察自己的方式从外部观察一个人，仿佛是用自己的眼睛观看传记的一个章节——这肯定会是既怪异又精彩的。比剧作家为舞台表演或念白而做的任何东西都更精彩。我们应该观看生活本身。——但我们确实每天都看见它，它却丝毫没有给我们留下印

象！足够真实，但我们没有从**那个**观点去看它。——与此相似，当恩格尔曼看着他写的东西，觉得它们很美妙（就算他不愿单独出版任何一篇）时，他是把他的生活视为上帝的艺术作品，就其本身而论，它当然是值得凝视的，就像任何生活和任何事物一样值得凝视。……

诺尔曼·马尔康姆在《回忆路德维希·维特根斯坦》一文中写道，在剑桥举办的每周一次的家庭接待会上，维特根斯坦对"美学的论题可能提得最多"，他"关于艺术的深刻和丰富的思想是非常感动人的"。可惜马尔康姆和其他人都未留下这方面的详细记录。所幸的是，从《文化和价值》中尚可领略一二，尤其是音乐评论，委实弥足珍贵。总之，它们是比常规的文艺批评更为"用心"的批评。维特根斯坦评论叔本华、卡尔·克劳斯，正如卡夫卡评论狄更斯，显示文体家的鉴别力，也含有从强大的影响源逃逸出去的动机，因此造成一种内在的关涉和张力。不同于康德、黑格尔，也不同于叔本华，他常以切身利害关系评论文艺作品。换言之，他在评价别人的同时不能不评价他自己。

维特根斯坦认为，他的艺术活动只是体现了一种"良好的礼貌"和"良好的听觉"，精于修饰打磨，缺乏野性洋溢的生命力和创造者的精神。但是他又抵制叔本华洋洋洒洒的文风和莎士比亚汪洋恣肆的想象。换言之，他把自己描述为整饬的"温室植物"，但这并不意味着他要接受莎士比亚的"独断专行"和"不对称"。必须指出，维特根斯坦并不是从具体某个作品来评判莎士比亚，而是针对构成其作品大全的那个"我"。这种本质论的批评观在他是一以贯之的，下文还会谈到。

哲学写作，无论是形而上学还是伦理学，一般说来都无须在表述方面加入特别的追求。说某个哲学家文采好，这种所谓的"好"也是可以剥离的，未必真的构成决定性的表达要素。赖特在《维特根斯坦传略》一文中则提醒我们，维特根斯坦作为语言艺术家的特质不可忽略；相关的风格分析只是开了个头，应该继续做下去。尽管这么做会招致文学化之嫌，但是应该看到，维特根斯坦自视为作家这一点在研究中并未受到足够重视。

这是一个尚需厘定的问题。说维特根斯坦是具有高度艺术修养的哲学家，相信没有读者会否认，但是这个说法与《文化和价值》的内涵仍不尽相符。从书中的表述看，维特根斯坦不仅自视为作家，而且对其写作特质深表关注——一种全方位的关注，诸如体裁类别、修辞意识、文体构造、精神格调等，将这些因素持续纳入其考察和反思的范围，这在哲学家当中是很不寻常的。如果不考虑尼采、克尔凯郭尔的传统，只是以逻辑哲学家的身份去衡量，《文化和价值》就不太符合常规的预期，其作者更像是一个对哲学感兴趣的诗人。他不仅对写作，也对其有限的艺术实践（素描、雕塑、建筑设计等）进行反思，做出自觉的描绘。

例如 1946 年的一则笔记：

或可用形式上缺乏新意的风格——像我的风格那样——但用精挑细选的词语写作；或者相反，用**形式**上具有新意、**刚**从自己身上长出来的风格写作。（当然还可以用那种将旧家具马马虎虎地补缀在一起的风格写作。)

文中指出风格的三种路径，像是雾中显露的风景；三种选择性的排列，是围绕自身风格的本质所做的一种排列，是在想象（虚无）的空间里观望到的东西；这种自我描绘显示真正的艺术直觉力。而且，不乏精彩的比喻和说法（"**刚从自己身上长出来的风格**""将旧家具马马虎虎地补缀在一起的风格"）。

1947 年的两段笔记，则以晚期回顾的立场进行自我定义：

你能够用一种新的语言在某种程度上恢复一种旧的风格；可以说用适合我们时代的那种方式使之重现。这样做其实只是在复制。我在建筑工作中做过这件事。

可我的意思**不是**说要将一种旧的风格修剪一新。你没有将旧的形式拿来修理，以符合时下的口味。不，你其实是在说着旧的语言，也许是不知不觉地，却是以属于这个较新的世界的方式说着旧的语言，然而，未必因此就是那种符合其口味的语言。

作者阐释了新的世界和旧的语言之间的关联，以往复咏叹、精确到拗口的口吻表述出来。这些晚期笔记和早期思想有内在的一致性，即他认为自己所做的只是一种"复制"（"再生"），这是他的文化活动（及哲学工作）的本质。阿兰·雅尼克、斯蒂芬·图尔敏的《维特根斯坦的维也纳》便是以此为着眼点，追溯哲学家的思想背景和文化渊源。

三

维特根斯坦的奥匈帝国的维也纳背景，他与德奥音乐文化和德语文学的关联，他对科技文明的排斥等等，都在暗示他对"旧的语言"进行"复制"或"再造"的一种意义来源。瑞·蒙克等人的相关研究对此做了较充分的说明，这里就不赘述了。

我想就哲学家的文化姿态再做一点补充论述，关乎《文化和价值》有待强调的一个特质。可以说，目前出版的维特根斯坦著作中，只有这本书是在阐述这种特质。因为，问题显然不在于他是否自视为作家，是否该被视为作家——这些其实是显而易见的——而在于他是一个什么样的作家，人们应该把他摆放在什么位置上。也就是说，实质上关系到他在西方文化中的位置。

这个方面，早年（1931 年）的一则笔记值得引起注意。维特根斯坦概要描述了西方现代文化进程，表明他对自身处境的预见或思索，即他作为"诗人的命运"的图景：

> 有些问题我永远不会去处理，它们不在我的道路上，或者说不属于我的世界。贝多芬（一定程度上或许还有歌德）处理过和搏斗过的西方思想界的问题，从来没有一个哲学家面对过（也许尼采从它们附近经过）。或许就西方哲学而言它们是失落了，换言之，没有人会

有能力把这种文化进程当作史诗去体验和描述了。或者说得更准确些，它只是不再成其为史诗了，或者只对那些从外部观察它的人来说才是史诗，而这或许是贝多芬怀着预见做过的事（正如斯宾格勒在某处所提到的那样）。可以这么说，文明只能预先拥有其史诗作者。正如人们只能预见他们自己的死亡并将其描述为某种位于将来的东西，而不能在死亡发生时报道它。因此可以说，如果你想看到整个文化的史诗描写，那你就得在其最伟大人物的作品中去找，故而要在这种文化的末日只能被预见之时所创作的作品中去找，因为不久以后就不会有人来描述它了。所以不必为此感到惊讶，它只能以隐秘的预知的语言写成，只为极少数人所理解。

由于没有解释"西方思想界的问题"是指什么问题，这则笔记有些令人费解。但是从上下文的脉络不难辨别，应该是指正在消亡的欧洲艺术文化精神（相对于勃兴的英美科技文化精神）。作者试图背转身去，独善其身，其决绝的态度指向一种"非历史"的立场及禁欲主义。

大体而言，维特根斯坦始终是在这个框架里活动的，即，秉持内心的坚守和超越的神圣理性，应当认同以"纯哲学"为遁世的途径（"从永恒的角度沉思世界"）。"纯哲学"确保其精神生活的严格、清晰、透明，从而在源头上躲避文化的衰颓。

然而，他还是免不了要忧虑这个"变老的世界"。《文化和价值》亦可证明，他并未如其所言的那样切割干净，而是卷入西方思想界的命题并做持续的斗争。西方几个世纪以来通过其最卓越的天才所呈现的精神、人格、情感和悲剧的问题，尼采等极少数哲学家有所感悟的问题，通常的伦理学和美学是解释不了的，只有在"天才"这个概念的天启般的或是史诗般的展开中才能够触及。这是近代欧洲（浪漫主义以来）独特而重要的文化概念。所谓"天启般的展开"，意味着这个概念（及其启示意义）是以危机的形式出现并以此得到强化，颇似一种回光返照。魏宁格对贝多芬的祭拜，他以自杀殉道，便是典型的一例。

维特根斯坦终生服膺魏宁格，认为他即便谬论百出也是伟大的，而他本人同样是在一种危机意识中面对传统。他声称不想与那些问题发生关系，不过是愤激之辞罢了。他其实是在孤悬的境地中延续传统，形成其独特的世界观和立场。换言之，他是在尼采所言的"小时代"延续其天才论的文化价值观。尽管《文化和价值》的话题多种多样，但它有相当的篇幅是在讲这个问题。对贝多芬的敬仰，对歌德、勃拉姆斯的企慕，对独创性、鉴赏力等概念的辨析，包括对犹太人的评论等等，莫不与之相关。

"贝多芬的伟大心灵……"——他总是如此这般地言说、观省和比较。音乐是他（也是尼采）衡量精神事物的尺度。作为叔本华的私淑弟子，他（像尼采那样）剔除叔本华体系中的东方精神烙印，彰显欧洲文化观念。可以说，德奥体系的浪漫主义天才观是其文化价值论的核心。他是此种价值论意义上的本质主义者。从《文化和价值》的第一页到最后一页，他都是以这种本质论的立场评估自我和他者。真正的天才该如何行动、思考和写作，与此相关的时代参数该如何计量，此类问题不在哲学的范畴内，对维特根斯坦而言却是至关重要的。

《文化和价值》未被阐明的特质即在于此：它要求我们从另一个方向——不是从常规的哲学范畴，也不是从一般的文学概念，而是从特定的文化观念进入此书，从中体会他的精神或心灵的关切，他的失落和梦想，他的反思和价值判断。

回忆录作者和传记作者一般都会指出，英国人（罗素等剑桥学人）不能真正理解这一点，觉得他神秘古怪，这是逻辑哲学之外难以打通的文化隔膜。《文化和价值》未能在学术议题中取得一个应有的位置，于此不难理解。可以说，不去体察或重视其心灵（而非头脑或思辨）之"关切"，如下这段笔记就难以得到恰当的理解和欣赏：

在树不是弯曲而是折断的地方，你理解了悲剧。悲剧是非犹太人的东西。门德尔松或许是最无悲剧性的作曲家。

这里的关涉都是指向一种自我本质的建构，而这种建构离不开心灵的期许，取决于主体在何种层面上予以关切，即在何种程度上使之成为一个生死攸关的命题。

如果说《文化和价值》具有浓厚的自传色彩，那么它主要就是体现在这里：这些言论是精神体验的结晶，而不只是思辨的产物。它试图揭示在时间的某一个点上心灵活动的性质。也就是说，收集在此书中的言论几乎都是作者和他自己的交谈，描述他是如何把承诺和觉悟交托给自己的，自然也包括疑虑和绝望。哲学上他谈得最多的就是反对独断主义的思维方式，宗教上他质疑保罗神学和加尔文神学对于心灵教育的意义，这些他在别处也讲过，或许是讲过不少了，但是表达特定的文化理念和关切，这本书最为集中，尽管以断片絮语的形式呈现，却有其可以寻绎的叙述脉络和图景。

维特根斯坦的价值观和文化姿态，其写作的超哲学的性质及意义等，要讲清楚固然不易，探究这些议题并阐明其中的关系正是研究者的任务。我相信《文化和价值》还可以在这个方面发挥更重要的作用。

四

《文化和价值》的德文版和英文译本出版之后，有过几次修订。迄今为止，共出版过两个英德对照本，即 1980 年的版本和 1998 年的版本。1998 年对照本的德文版是挪威卑尔根大学维特根斯坦档案馆的艾洛伊斯·毕希勒（Alois Pichler）提供的，出版于 1994 年。英译者彼得·文奇（Peter Winch）根据这个版本重新进行了翻译。相比 1980 年版的对照本，1998 年版的对照本（布莱克威尔出版社）的变化较大，不仅是英译改动大，而且文本中有 19 处增补，是以往任何一次修订都未曾有过的。

以正文开篇第一个条目为例：

> 听中国人说话，我们往往会把他的话语当作含糊不清的叽里咕噜。懂中文的人会从他听到的声音中识别出是**语言**。同样，我经常不能从某个人以及其他人身上识别出是**人类**。

新版将删去的句子补全，如下：

中尉已经和我谈了各种事情。一个非常好的人。他能与最大的流氓相处，能够显得友善而不让自己妥协。听中国人说话，我们往往会把他的话语当作含糊不清的叽里咕噜。懂中文的人会从他听到的声音中识别出是**语言**。同样，我经常不能从某个人以及其他人身上识别出是**人类**。做了一点儿工作，但并不成功。

可以看到，"听中国人说话……"这个条目，在原稿中显然不是独立成段的。上文引用的"在树不是弯曲而是折断的地方……"那一段也是，其新版如下：

在树不是弯曲而是折断的地方，你理解了悲剧。悲剧是非犹太人的东西。门德尔松或许是最无悲剧性的作曲家。惨然执着于、悍然执着于一个悲剧性的爱的境地，在我看来始终与我的理想是颇不相容的。难道这意

· 22 ·

味着我的理想是虚弱的吗？我无法评判，**不应该评判**。如果它是虚弱的，那就糟糕了。我相信，我在根本上拥有一个温文而平静的理想。不过，愿上帝保佑我的理想免于虚弱和伤感吧！

以上两个条目的对比足以显示新旧版的差异。旧版的做法是选择主题句而舍弃"枝蔓"，虽然编辑的力度较大，但从含义到留白的处理都显得凝练峭深，富于回味。书中类似的处理多半是值得称道的。

当然，不会都是无可争议的。例如第一个条目，精简之后语气变强劲了，似在宣示一种抗世的桀骜。第二个条目，自省欠缺"悲剧性"而引发的不安和祈愿，颇为耐人寻味，似乎不宜删减。凡此种种好像总有可商榷之处，这是任何"选择"都难免会招致的。

毕希勒将所有被剔除的句段还原，不失为稳妥的处理。其增补不外乎是两种方式：或是将段落中删去的句子补全，或是将相邻的被弃用的段落补上。毕希勒的新版并未改变固有的框架，这仍然是赖特编选的书。那么，旧版为何要做删减？这牵涉此书的编选原则。赖特在1977年德文版序言中交代说：

> 我从集合的笔记中抽去纯属"私人"的那一类，即维特根斯坦对其生活的外部环境、他的精神状态及他和其他人（有些人还在世）的关系进行评论的那些笔记。大体上讲，把那些和其余的分开是**容易**的，它们和这里发表的这些兴趣**不同**。仅在这两个条件似乎不能满足的少数情况下，我也收录自传性质的笔记。

赖特说的"抽去"，是指将整个条目拿掉，还是也包括从语义连贯的段落中删除一些句子？这一点没有讲清楚。如果是后者（如上面两例所示），则极易引起争议。毕希勒将"抽去"的句段统统还原，实质是对这种编辑方针的抗议。

但不管怎么说，选编这样一本书，也确实应该在录用与弃用之间确立严格的取舍标准，毕竟这是"思想录"而非日记，对"素材"进行甄别是必要的，有助于调性的统一。但这种做法的冒险在于有时很难做出稳妥的区分。

换一个角度，我们是否可以认为，赖特在编辑时其实是别有参照标准的，即试图让所选的条目接近于《逻辑哲学论》或《哲学研究》的表述风格？我觉得这是一条值得考虑的思路。说实在的，毕希勒还原的句段中，有些确实显得琐屑，还是不放进去的好。

赖特本人是怎样看待新版的增补呢？他在1994年新版序言中说：

新版包含前几版的所有评论，没有超出这个范围。而此处刊登的这些评论却得到更完整、更忠实于原文的编辑。维特根斯坦通常将评论写成短小的节段，用一行或多行空行将段落分隔开来。前几版刊登的有些评论只是这些段落的"节选"，也就是说，在编者看来常常像是不相干的脱漏部分。这是让某些人可能会觉得有争议的一种判断；因此，目前这个版本将所有这些段落都补全了，以便组成完整的段落。

这个解释不太令人满意。所谓的"节选"难道都是原稿中看似"不相干的脱漏部分"？这显然不足以解释上面所举的那两个例子。不清楚赖特究竟是怎样想的，总之，他全盘接受了毕希勒的增补而几乎未做解释。

对读者来说，有两个版本可读不是坏事。已有的中译本多数还是根据1980年的版本译的。毕希勒的新版除了增补，还有勘误和对手稿的新释读。英译者彼得·文奇在1998年新版序言中说：

> 目前这个本子是对1980年出版的初译本的一次大幅度修改。这当然部分是考虑到艾洛伊斯·毕希勒修订版所收入的新材料，但也涉及其他的一些变化。其中有些变化和我对自己原先译文的不满意相关，而其他变化某种程度上却是因毕希勒先生的版本不同于前几版的特点而引起的。

冯·赖特教授编选的本子意在获得一个比维特根斯坦的专业哲学著作所能期望的更为广泛的读者群。部分是出于这个缘故，它们并不尝试包含毕希勒先生所针对的那种文本细节。新收入的材料的一个重要特点，是对维特根斯坦的手稿和打字稿中包含的不少异文做了详细记录。为了开始尝试翻译这些变文，有必要更加紧贴维特根斯坦的原文的语法结构，比我在原先版本中认为是恰当的那种程度要紧密得多。我是这么做的，同时仍试图尽可能让它读起来像是英文，而非一字不爽的怪"译"。

原稿不仅存在难以正确释读的地方，而且存在不同形式的异文。旧版的做法是删繁就简，新版则力求忠于原样。彼得·文奇试图追随新版的方针，让译文更贴近原作，而这也有赖于毕希勒的校勘，提供了迄今为止最详实的德文版本。

维特根斯坦去世后，遗稿由赖特、拉什·里斯（Rush Rhees）、伊丽莎白·安斯康姆（Elizabeth Anscombe）等三位遗著保管人管理。赖特接受委托编选此书，历时近十年，在海基·尼曼（Heiki Nyman）、拉什·里斯的协助下才定稿，可见其成书之艰难。德文版从 1977 年到 1994 年，几经修订，凝聚了编者的大量心血。此书选目精严，颇具特色，体现了编者精致而出色的品味，其编辑意图含蓄而深刻，有待于读者悉心揣摩。

赖特思想谨严，文风雅洁（笔者素来仰慕其文章，尊其为剑桥桐城派），他撰写的序言对"无关紧要"的细节总是吝惜言辞，因此相关的编辑原则和编辑过程大致如上所述，再多的实质性说明就没有了。《文化和价值》是从多少数量的原稿（条目）中取材的，具体来源是什么，序言没有交代。当然，维特根斯坦遗稿好像也不是一个固定的概念，除已经解密或仍在尘封的档案外，有些还在搜集中。例如附录的《一首诗》，便是新近发现的材料。我想，随着时间推移，这个选本会在更多档案发现的基础上完善。我相信，读者通过新旧版本对照会有更多的启发和收获。

目录

文化和价值

1914—1931

1932—1937

1938—1946

1947—1951

1914—1931

1914 年—1931 年

听中国人说话，我们往往会把他的话语当作含糊不清的叽里咕噜。懂中文的人会从他听到的声音中识别出是**语言**。同样，我经常不能从某个人以及其他人身上识别出是**人类**。[1]

1929 年

我仍觉得我做哲学的方式是新的，它一再让我觉得它是新的。这是我经常需要重复自己的原因。它将融入新一代人

---

[1] 1998 年新版《文化和价值》还原如下：

"中尉已经和我谈了各种事情。一个非常好的人。他能与最大的流氓相处，能够显得友善而不让自己妥协。听中国人说话，我们往往会把他的话语当作含糊不清的叽里咕噜。懂中文的人会从他听到的声音中识别出是**语言**。同样，我经常不能从某个人以及其他人身上识别出是**人类**。做了一点儿工作，但并不成功。"

的血肉，而对他们来说，那些重复将是乏味的。对我来说它们是必要的。[1]

好在我不让自己受到影响！

好的比喻激活思维。

给近视眼指路是困难的。因为你没法对他说："看十里外那个教堂塔楼，朝那个方向走。"

没有一个宗教派系在滥用形而上表达方面负有像数学那么多的罪责。

人的目光有着让事物变得宝贵的力量，然而，它们确实也变得更昂贵了。

---

[1] 新版如下：
　　"我仍觉得我做哲学的方式是新的，它一再让我觉得它是新的。这是我经常需要重复自己的原因。它将融入新一代人的血肉，而对他们来说，那些重复将是乏味的。对我来说它们是必要的。——此种方法的本质在于放弃**真理**问题，代之以对**意义**问题的询问。"

就让自然表明并承认只有**一个**事物是高于自然，但不是别人会认为的那种东西。

在树不是弯曲而是折断的地方，你理解了悲剧。悲剧是非犹太人的东西。门德尔松或许是最无悲剧性的作曲家。[1]

每天早晨你都得重新扒开死气沉沉的碎石，以便触及温暖的活种子。

一个新词就像是一粒播撒在讨论的土壤上的新种子。

驮着鼓鼓囊囊的哲学背包，我只能在数学的山上缓慢地攀登。

---

[1]　新版如下：

"在树不是弯曲而是折断的地方，你理解了悲剧。悲剧是非犹太人的东西。门德尔松或许是最无悲剧性的作曲家。惨然执着于、悍然执着于一个悲剧性的爱的境地，在我看来始终与我的理想是颇不相容的。难道这意味着我的理想是虚弱的吗？我无法评判，**不应该评判**。如果它是虚弱的，那就糟糕了。我相信，我在根本上拥有一个温文而平静的理想。不过，愿上帝保佑我的理想免于虚弱和伤感吧！"

门德尔松不是山峰，而是高地。他的英格兰性。

没有人能够替我思考，正如没有人能够替我戴着帽子。

任何聆听小孩哭声并理解了这哭声的人都会明白，其中隐藏着沉睡的心之力，和一般认为的任何力量都不同的可怕的力。深深的愤怒、痛苦和毁灭的欲望。

门德尔松就像那种人：只有当一切都很愉快时，他才是愉快的；只有当周围的人都好时，他才是好的。不像一棵无论周围发生什么都会兀自屹立的树那样自足。我也是那样的人，也倾向于那样做。

我的理想是某种清静。庙宇给激情提供一个不扰乱它的环境。

我经常想知道，我的文化理想究竟是一种新的（亦即当代的）理想，还是源自舒曼的时代。至少我觉得它就是那种理想的延续，尽管不是当时实际由之产生的那种延续。换言之，19 世纪后半叶是被排除掉了。这，我应该说，完全是出于本能发生的，不是反思的结果。

要是我们考虑世界的未来，我们就总是指它以我们目前所见的那样不停地行进就会到达的地方。我们没有想到，它不是以直线而是以曲线行进的，它的方向不断在改变。

奥地利的佳作（格里尔帕策 [1]、莱瑙 [2]、布鲁克纳、拉博 [3]）我认为是特别难懂的。它有着比其他作品都更**微妙**的一种意义，它的真理从不倾向于似然性。

善的也是神圣的。说来也怪，这一点却概括了我的伦理学。

只有超自然的东西才能够表达**超自然**。

---

[1] 弗兰茨·格里尔帕策（1791—1872），奥地利作家、剧作家，著有《可怜的游吟诗人》等。

[2] 尼古拉斯·莱瑙（1802—1850），奥地利德语诗人，代表作有《赫布斯特》《浮士德》等。

[3] 约瑟夫·拉博（1842—1924），波西米亚作曲家、风琴演奏家，1868 年起在维也纳工作，是维特根斯坦家族的朋友。

你不能引导人们到达善，只能将他们带到某个地方或其他地方。善在事实的空间之外。

1930 年

最近和阿维特[1]在电影院看了一部很老的片子，我对他说，新式影片之于旧影片正如今天的汽车之于二十五年前制造的汽车。那部老片子给人的印象既可笑又笨拙，电影制作的改进方式是比得上我们在汽车中见到的那种技术改进的。这跟一种艺术风格的改进——如果可以称之为改进的话——是不可相比的。现代舞蹈音乐也一定是差不多的。爵士舞，就像电影，必是一种能被改进的东西。将所有那些发展和一种**风格**的形成区别开来，其区分在于，精神在那些发展中不起作用。

---

[1] 阿维特·肖格伦，维特根斯坦的朋友和亲戚。

我曾说过，或许说得对：先前的文化将变成一堆瓦砾，终将变成一堆灰土，但精神将在灰土上面盘旋。

今天，区分建筑师的好坏端赖于这一点：坏的建筑师屈从于每一种诱惑，而好的建筑师则予以抵制。

有人设法用稻草填塞艺术作品的有机统一体所显现的裂缝，但为使良心得到安抚，有人用**最好**的稻草。

要是有人认为他解决了人生的问题，想要对自己说现在一切都很容易了，那么为了看到他错了，他就只需对自己说，有那么一段时间这个"答案"是未被发现的。但**那时**也一定是有可能生活的，现在发现的答案，关乎那时的状况，就显得像是一个意外了。我们搞逻辑也是如此。要是有了一个"逻辑（哲学）问题的答案"，我们便只需告诫自己，有那么一段时间它们是未被解答的（而那时也一定是有可能生活和思考的）——

恩格尔曼告诉我，他在家里翻弄一个装满自己手稿的抽屈时，觉得它们真是好极了，以至于认为值得向别人展示。（他说细读已故亲友的信件时也有同感。）可当他设想出版一个选集时，他说整件事情就失去了魅力和价值，变得不可能了。我说，这个情况和下面的情况相似：没有什么比一个自以为未被注意地做着极简单的日常活动的人更值得注目的了。让我们设想一家剧院，大幕拉开，我们看见某人独自在房间里走来走去，点燃一根香烟，让自己坐下来等等。这样我们就突然是在用我们通常不可能观察自己的方式从外部观察一个人，仿佛是用自己的眼睛观看传记的一个章节——这肯定会是既怪异又精彩的。比剧作家为舞台表演或念白而做的任何东西都更精彩。我们应该观看生活本身。——但我们确实每天都看见它，它却丝毫没有给我们留下印象！足够真实，但我们没有从**那个**观点去看它。——与此相似，当恩格尔曼看着他写的东西，觉得它们很美妙时（就算他不愿单独出版任何一篇），他是把他的生活视为上帝的艺术作品，就其本身而论，它当然是值得凝视的，就像任何生活和任何事物一样值得凝视。但唯有艺术家才能够描绘个人的东西，让我们觉得它是艺术作品。如果我们是实打实地凝视那些手稿，无论如何都不带有**偏见**，亦即事先就不带有热情的话，那它们**肯定**就会失掉价值。艺术作品迫使我们——不妨这样说——从正确的角度看问题，但没有艺术，此物却和任何他物一样是自然的一片，**我们**可以凭借热情赞美它，这并没有给任何人向我们展示它的权利。（我总是想起那摞乏味的风景照片中的一张：那处风景对拍摄照片的人来讲是有意思的，因为他自己到过那儿，体验到一些东西，但是第三方会以正当的冷漠注视它——在漠然注视某物是正当的这个限度内。）

但现在我也这样认为：除了艺术家的作品之外，存在着另一种在*永恒的形式之下*[1]把握世界的方式。它是——正如我相信的那样——思想的方式，可以说是在世界的上空飞翔，让世界保持原样——在飞翔中俯瞰世界。

---

[1] 原文为拉丁文 sub specie aeterni，意为"在永恒的形式之下"。按：正文中原文是斜体字的，中译用黑体表示；原文是拉丁语、法语等，中译用斜体表示。下同。

在勒南的《以色列民族史》[1]中读到："生育，疾病，死亡，疯狂，强直性昏厥，睡眠，梦，全都造成极大的影响，即便在今天，也只有少数人能够清楚地看到，造成这些现象的原因是内在于我们的体格。"恰恰相反，完全没有理由对这些现象感到惊奇，因为它们是每天都在发生的事。如果原始的人类**应当**对它们感到惊奇，那狗和猴子就更**应**如此了。抑或这是在假设，人们可以说是突然醒来，注意到这些始终存在的现象，感到惊诧是可以理解的？——嗯，我们甚至可能做出这种假设，但不是假设他们初次意识到这些现象，而是假设他们突然开始对这些现象感到惊奇。但这和他们的原始也不相干。除非我们把对事物不感到惊奇叫作原始，那样的话，今日之人和勒南自己才恰恰是原始的，如果他认为科学解释能增强惊奇感的话。

好像闪电在今天比在两千年前更陈腐或更少震撼。

为了惊奇，人类——也许各族人民都——必须醒来。科

---

[1]　欧纳斯特·勒南《以色列民族史》第一卷第三章。

学是一种让他们再次入睡的方式。

换言之，这么说完全错误：那些原始民族**必须**对一切都感到惊奇。但这么说或许正确：那些人对周围的一切**确实**都感到惊奇。——认为他们**必须**对它们感到惊奇，这个想法是一种原始的迷信。（就像是认为他们必须畏惧所有的自然力，认为我们当然是不必畏惧的，这种想法同样是一种原始的迷信。另一个方面，经验会证明，某些原始部落极度倾向于畏惧自然现象。——可我们却不能排除这种可能，**高度**文明的民族会再度倾向于这种恐惧，他们的文明和科学知识不能够让他们抵御这种恐惧。尽管如此，今天的科学得以开展的那种**精神**倒确实是与此类恐惧不相容的。）

勒南所说的闪米特人的*早熟的常识*[1]（我已考虑良久的一个观念）是指他们的**无诗意**的心态，它直奔具体之物。这是我的哲学的特色。

---

[1] 原文为法语 bon sens précoce，意为"早熟的常识"。

事物就在我们面前，没有蒙上面纱。——这是宗教和艺术的分手之处。

一篇序言的草稿 [1]

此书是为赞成其写作精神的那些人而撰写的。我认为这种精神有别于欧美文明的主流精神。这种文明的精神，其表现形式是当今的法西斯主义和社会主义的工业、建筑、音乐，对这位作者而言是既陌生又格格不入的。这不是一个价值判断。我不是不知道当今表现为建筑的东西并非建筑，不是不曾以极大的疑虑接近所谓的现代音乐（不懂其语言），但艺术的消失却不成其为理由，要给这一整片人类以轻蔑的判断。因为，现今的真人和强者只是离开艺术领域，转向其他事物，让个人的价值以某种方式得到表达。诚然，不会像

---

[1]　发表在《哲学评论》（拉什·里斯编辑，雷蒙·哈格里夫斯和罗杰·怀特译，牛津：贝希尔·布莱克威尔出版社，1975年）中的序言的一份初稿。

是在伟大文化时期那样得到表达。文化就如大型机构，给每个成员分配位置，让他在这个位置上能以整体精神工作，他的力量以他在那个整体中所默认的成功而得到一定程度的公正衡量。而在一个没有文化的时代，力量却是四分五裂的。个人的力量在克服反作用力和摩擦阻力中损耗了，它没有表现在行进的距离中，倒或许是表现在克服摩擦阻力所产生的热量中。但能量仍是能量，即便我们的时代所提供的景观并不形成伟大的文化工作，让杰出人士效力于同一个伟大目标，而是提供一群人的卑渺景观，其杰出成员纯然追求私利。尽管如此，我们也不要忘了，景观是并不重要的。

尽管我很清楚一种文化的消失并不表明人的价值的消失，而只是意味着表达这种价值的某些手段的消失，但实际上我仍然不赞成欧洲文明的趋势，不理解它的目标，如果它有目标的话。因此，我确实是在为散布于地球各个角落的朋友写作。

典型的西方科学家是否理解或欣赏我的著作，对我来说都是一回事，既然他怎么都不会理解我写作的精神。

我们的文明的特点在于"进步"一词。进步是它的形态，而不是它取得进步的属性之一。通常它要构建。其活动是要构建一个越来越复杂的建筑物。连明晰性也只是达到这个目标的手段，而不是目标本身。

对我来说，明晰性、透明度，反倒本身就是目的。

我感兴趣的并不是竖立一个建筑，而是让可能的建筑的基础透明地呈现于我的眼前。

所以我和那些科学家追求的不是同一个东西。我的思维活动跟他们的不一样。

我写的每一个句子都在力图说出整个事物，也就是说，反复在说同一个事物，就好像它们是从不同角度观察一个对象。

我可能会说：假如我想到达的地方只能借助梯子才能爬到，那我就不去那儿了。因为，我真的要去的地方是我一定已经到场的那个地方。

任何用梯子才够得着的东西都不能引起我的兴趣。

一种思维活动要求一个念头跟其他念头连成系列，另一种思维活动始终对准同一个地方。

一种思维活动是构造，（用手）拿起一块石头然后拿起另一块石头，另一种思维活动始终去拿起同一块石头。

长篇序言的危险在于，一本书的精神必须在书中显得清清楚楚，而不能加以描述。因为，如果一本书只为少数读者而写，那么只有少数人才理解它，这一点就会很清楚。这本书必定自动把理解它的人和不理解它的人分开。序言也只是为理解这本书的人写的。

对某人谈他不理解的东西是没有意义的，即便你补充说他不能理解，也没有意义。（这种情况经常发生在你所爱的人身上。）

如果你不想让某些人进入一个房间，就用他们没有钥匙的锁把门锁上。但对他们讲这件事是毫无意义的，除非你还是想让他们从外面赞美房间！

恰当的做法是给门上锁，它只吸引那些能打开它的人，而不会被其他人注意到。

但可以这么说，这本书依我看与欧美的进步文明毫无关系。

这种文明或许是其精神的必要环境，但它们却有着不同的目标。

一切仪式（一切可以说带有大祭司味道的东西）都要严格加以避免，因为它即刻就会腐烂。

接吻当然也是一种仪式，它是不会腐烂的，但仪式只有像接吻那样真诚才是许可的。

欲使精神变得明晰是个很大的诱惑。

当你撞击你自身的体统的界限时，就好像是造成了一个思想的漩涡，一种无尽的倒退：你可以**说出**你喜欢什么，它不会让你更进一步了。

我一直在读莱辛（关于《圣经》的评论）："给它添上言辞的外衣和风格……绝对充斥着同义反复，但是，借助某些时候貌似说着不同的东西实则说的是相同的东西，另一些时候貌似说着相同的东西实则意谓（或者可以意谓）不同的东西，这种同义反复锻炼了人的智力。"[1]

要是我不太知道怎样开始写一本书，那是因为有些东西仍然不清楚。因为我想要从哲学的原始资料、书面和口头的句子开始，可以说是从书本开始。

这里我们遭遇"万物皆在流变"的困境。或许这正是起点之所在。

假如某人仅仅领先于他的时代，有一天时代就会赶上他的。

1931 年

音乐，以其极少的音符和节拍，让有些人觉得是一种原

---

[1] ［德］戈特霍尔德·埃夫莱姆·莱辛著:《论人类的教育》，第48、49 页。华夏出版社曾于 2008 年引进此书，由朱雁冰翻译。

始的艺术。但它只是表面简单，而使这种显性内容有诠释之可能的实体，则有着在其他艺术的外在形式中浮现而音乐却将其隐匿的无限复杂性。音乐在某种意义上是最高级的艺术。

有些问题我永远不会去处理，它们不在我的道路上，或者说不属于我的世界。贝多芬（一定程度上或许还有歌德）处理过和搏斗过的西方思想界的问题，从来没有一个哲学家面对过（也许尼采从它们附近经过）。或许就西方哲学而言它们是失落了，换言之，没有人会有能力把这种文化进程当作史诗去体验和描述了。或者说得更准确些，它只是不再成其为史诗了，或者只对那些从外部观察它的人来说才是史诗，而这或许是贝多芬怀着预见做过的事（正如斯宾格勒在某处所提到的那样）。可以这么说，文明只能预先拥有其史诗作者。正如人们只能预见他们自己的死亡并将其描述为某种位于将来的东西，而不能在死亡发生时报道它。因此可以说，如果你想看到整个文化的史诗描写，那你就得在其最伟大人物的作品中去找，故而要在这种文化的末日只能被预见之时所创作的作品中去找，因为不久以后就不会有人来描述它了。所以不必为此感到惊讶，它只能以隐秘的预知的语言写成，只为极少数人所理解。

但我根本就不去解决那些问题。当我"处置了这个世界"时，我创造了非结晶的（透明的）一团，而这个多种多样的世界被留在一边，像一个无趣的杂物间。

或者更确切地说，整个工作的全部结果每一方面都要被搁置（将整个世界扔进杂物间）。

这个世界（我的世界）没有悲剧，也没有导致悲剧（作为其结果）的无限的情境。

就好像一切都在以太中溶解了，不存在任何硬度。

这就是说，坚硬和对抗不成为壮观之物，而是成为**缺陷**。

对抗的消失大致类似于机械装置熔融（或在硝酸中溶解）时弹簧张力的消失。这种熔解消除一切紧张状态。

如果我说我的著作是专门为一个小圈子的人（如果这称

得上是圈子的话）而写的，这倒不是说我认为这个圈子的人是人类的精英，而是说它是我要求助的圈子，（不是因为他们比别人更好或更坏，而是）因为他们构成我的文化圈，可以说是我的同胞，而其他人对我来说则是**不相干**的。

描述与一个句子相对应（成为一个句子的翻译）的事实而不单单重复这个句子，这是办不到的，语言的限度由此表现出来。

（此处我们涉及康德对哲学问题的解答。）[1]

能否说戏剧有它自己的时间，它并不是历史时间的一段？也就是说，我能谈论剧中的先后时间，但剧中的事件到底是发生在（比如说）恺撒死前还是死后，这个问题是**没有意义**的。

---

[1] 《战时笔记：1914—1917年》（韩林合编译，商务印书馆，2013）中的"1914年10月19日"："康德的问题——'纯粹数学是如何可能的？'——可以经由同语反复式理论而得到说明！"

附带说一下，在旧的观念——大体上是西方（伟大）哲学家的观念——中，存在着科学意义上的两类问题：本质的、重大的、普遍的问题，以及非本质的、可以说是次要的问题。我们的观念则正好相反，在科学的意义上是不存在**重大的**本质问题的。

　　音乐的结构和情感。情感伴随着我们对一首曲子的理解，如同它们伴随着我们生活中的事件。

　　拉博的严肃是一种相当晚熟的严肃。

　　才能是一口不断涌出淡水的井。但要是使用不当，这口井就会失去价值。

　　"明智者之所知是难以知悉的。"歌德轻视实验室的实验，规劝我们到户外，向不受控制的大自然学习，这与那种认为假说（错误地设想的假说）已然歪曲真理的观点有什么关系吗？与我眼下为我那本可能是由对自然的描述所组成的书而考虑的端绪有什么关系吗？

如果人们觉得某种花或动物丑陋，就总是会有一种它们像是人工制品的印象。他们说："它看起来像是一种……"这就阐明了"丑陋"和"美丽"这些词的意义。

人体各部位温度的可喜差异。

必须像一根仅由心智充满的空管子那样出席是丢脸的。

没有人愿意冒犯他人。因此，只要别人没有显出被冒犯的样子，这就对大家都有好处。谁都不喜欢面对一条受伤的猫狗。记住这一点。耐心地——并且宽容地——避开冒犯你的人，这比把他当作朋友要容易多了。为此你也需要勇气的。

善待某个不喜欢你的人，你不仅要非常温厚，而且还要非常**机敏**。

我们是在用语言进行斗争。
我们是在和语言进行斗争。

哲学问题的答案可与童话中的礼物相比，它在魔法城堡里显得神奇迷人，但在光天化日之下，看着无非是一块普普通通的铁（或类似的物件）而已。

思想家与制图员十分相似。他要描画事物间的相互关联。

在键盘上谱写的乐曲，用笔思考出来的和仅以想象的声音谱写的乐曲，必定有着全然不同的特点，造成非常不同的印象。

我坚信，布鲁克纳只是在他的脑海里作曲的，想象着管弦乐队的演奏；勃拉姆斯是用笔作曲的。这么说当然是过于简单化了。但的确是强调了**一个**特点。

悲剧其实都可以用这样的话开头："本来什么事都不会发生，如果不是……"

（如果他的衣角没有被机器缠住的话？）

然而，认为悲剧只是表明某种遭遇能够决定人的整个一生，这岂不是一种片面的悲剧观吗？

我认为，现今可能有一种戴面具表演的戏剧。角色将只是程式化的人。在克劳斯[1]的作品中，这可以清楚地看到。他的作品能够或应该戴面具上演。这当然是跟那些作品的某种抽象性匹配的。戴面具的戏剧，依我看，无论如何都是某种智性特质的表达。或许（也是）由于这个原因，只有犹太人才会爱上这种戏剧吧。

弗里达·尚茨[2]：

雾天。灰色的秋日缠扰我们，

　　欢笑声显得污浊；

　　今天的世界缄默，

　　宛如在昨夜死去。

　　金红的树篱中，

---

[1]　卡尔·克劳斯（1874—1897），奥地利诗人、剧作家和讽刺作家，长期主持表现主义杂志《火炬》。

[2]　弗里达·尚茨（1859—1944），德国儿童文学作家、诗人。

酝酿着雾龙；

白昼沉沉睡去。

白昼不会醒来。

（……）

上一页这首从"rösselsprung"[1] 摘录的诗，原先当然是未加标点。因此我不知道"雾天"是标题，还是像我抄写的那样属于第一行诗句。值得注意的是，如果不是以"雾天"而是以"灰色的"起首，这诗听起来会多么琐碎。这改变了全诗的韵律。

你所取得的成就对他人的意义不会比对你的意义更大。

它花了你多少钱，他们就要付出多少钱。

犹太人是一方沙漠，在其薄薄的石层下面躺着精神的熔岩。

格里尔帕策："游动在远方宽阔的区域是多么的容易，

---

[1] Rösselsprung 意为"马的跳动"。这是一种纵横填字字谜游戏。

抓住近在咫尺的单个事物是多么的困难……"

如果我们从未听说过基督，我们会有什么感觉？

我们会感到被丢在了黑暗中吗？

是否我们只在这种见地上才不觉得是那样，即孩子知道屋里有人和他在一起时就不觉得的那样？

宗教的疯狂来自不信宗教的疯狂。

望着这些科西嘉强盗的照片，我陷入沉思：要把基督教写在脸上，那这些脸就都太硬了，而我的则太柔了，都写不上去的。强盗的脸看着吓人，但他们当然不会比我距离一种良好的生活更远，他们和我只是处在这种生活的不同侧面。

拉博做得好的音乐是完全不浪漫的。这是一个非常显著和重要的标示。

阅读苏格拉底的对话，人们会有这种感觉：多么可怕的时间浪费！那些什么都没有证明、什么都没有澄清的争论意义何在?

彼得·示路蔑的故事[1],在我看来应该是这样:他为了钱把灵魂转让给魔鬼。然后他为此感到后悔,而魔鬼要拿他的影子当赎金。但是彼得·示路蔑仍然有选择:或者是把灵魂交给魔鬼,或者是和他的影子一起放弃与他人共同生活。[2]

基督教中的上帝像是对人类说:不要演悲剧,也就是说,不要在人间扮演天堂和地狱。天堂和地狱是**我的**事情。

---

[1]　阿达尔贝特·冯·查米索:《彼得·示路蔑的奇异故事》。

[2]　查米索的小说《彼得·示路蔑的奇异故事》在德语国家颇为著名。故事主人公为了换取一个不会穷尽的钱包而将他的影子卖给了魔鬼。此项交易给彼得·示路蔑带来了财富,但也使他被社会排除在外,最终陷于绝望。为了让他不再受难,魔鬼提供了第二个交易,要让他的影子反对他的灵魂。但是彼得·示路蔑拒绝了,尽管这么做意味着要失去他心爱的女人。他借助一双魔靴周游世界,去寻找内心的宁静。最后,他以一个博物学家的身份找到了宁静,同时也不再拥有无尽的财富。然而魔靴不能带他去往每一个地方,令他深为抱憾的是,那个以珊瑚列岛著称的太平洋群岛他就不能如愿去探访。因此,即便拥有魔法工具,也都无法让他获得终极知识。彼得·示路蔑的故事,是博物学家阿·查米索的生活和斗争的反映。

假如斯宾格勒这样说就更好理解：我把不同的文化时期与家庭生活**相比**；家庭中存在着家族的相似性，虽说在不同家庭的成员之间也能找到一种相似性；家族相似性以这样或那样的方式不同于其他种类的相似性等等。我的意思是说：我们必须被告知比较的对象，从中导出这种方法的对象，这样偏见就不会时常溜进讨论中了。因为那时我们会随意将这种方法的原型的真实性归因于我们同样运用这种方法的对象，我们声称"它**必定总是**……"。

之所以发生这种情况，是因为我们想要在这种方法中给原型的特性一个立足点。但是由于我们混淆了原型和对象，我们便发现自己将原型才必定拥有的特性武断地授予对象。另一个方面，如果这种方法只适用于一种情况，我们就会认为它缺乏我们想要赋予它的普遍性。但原型必须以其本来面目呈现，以作为表征整个方法并确定其形式的形式呈现。这样它就有了统帅性和普遍有效性，这是由于它确定方法的形式，而不是由于它声称所有只对它而言是真实的事物就会对这种方法所施与的所有对象都有效。

因此当夸大的武断的主张形成时，我们必须经常问：这里面什么才确实是真实的？而且要问：这在什么情况下才是真实的？

摘自《至简主义》[1]：技术之谜。（图片：两位教授在一座施工的桥梁前。）声音来自上方："Fotch it dahn-coom on-fotch-it dahn A tell tha-we'll turn it t'other rooad sooin!" [2]——"这话实在太费解啦，亲爱的同事，谁能用这种语言来从事这样复杂而精确的工作。"

我们不断听到这种言论：哲学真的没有进步，我们仍然忙着做希腊人做的哲学问题。说这种话的人却并不明白事情何以如此。这是因为我们的语言仍是相同的，不断诱使我们

[1] *Simplicissimus*，是 19 世纪创立的一本德语讽喻杂志的名字，意为"至简主义"。
[2] 此句为难懂的德语方言，大意是：把它放下，快点把它放下呀，我在跟你说呀，咱们很快就会把它稳稳地变成道路的。

提出相同的问题。只要还有"存在"这个看似与"吃""喝"功能相同的动词，只要还有"同一的""真的""假的""可能的"这些形容词，只要继续谈论时间的河流、空间的范围等等，人们就会始终被同样费解的难题绊倒，瞪着某种任何解释似乎都没法清除干净的东西。

此外，这还满足了对超自然事物的向往，因为只要人们认为能看到"人类认识的限度"，他们自然就相信自己能够看见超越这些限度的存在了。

我读到："……哲学家们并不比柏拉图更接近'现实'的意义；……"这是一个多么奇怪的情形。那么，柏拉图能够走得那么远，又是多么特殊啊！或者说，我们不可能到达更远的地方！这是因为柏拉图真的那么聪明吗？

克莱斯特在某处 [1] 写道：诗人最希望做到的，就是不用语言而让思想自身得以传达。（多么奇怪的供认。）

_____

[1] 海因里希·冯·克莱斯特：《一个诗人给另一个诗人的信》，1811 年 1 月 5 日。

人们常说，新宗教会把旧宗教的诸神称为魔鬼。可事实上，他们到那个时候大概已经成为魔鬼了。

大师的作品是我们身边升降的星辰。因此，对每一部正在下降的伟大作品来说，那个时辰又将到来。

（门德尔松的音乐，当其完美无瑕之时，是由音调悦耳的阿拉伯风格组成的。因而我们会对他作品中每一处欠缺严谨的地方感到尴尬。）

在西方文明中，犹太人总是被不适合他的口径所衡量。希腊思想家既不是西方意义上的哲学家，也不是西方意义上的科学家；奥林匹亚运动会的参赛者不是运动员，〈不〉适合任何西方的职业——这对许多人来说是很清楚的。但犹太人也一样。

只要在我们看来我们的〈语言〉[1] 的用语是唯一可能的衡量标准，我们就会始终对他不公正。他先是被高估，然后是被低估。由此而论，斯宾格勒没有把魏宁格[2] 归入西方哲学家是很正确的。

我们所做的任何事情都无法得到决定性的辩护，而是只能参照其他既定的东西来辩护。换言之，没有理由可以解释你何以应该（或本该）**这样**做，除非这样做你造成一种局面，你必须又将这种局面**接受**为一个目的。

那不可表达之物（我觉得是神秘而不能表达的东西）或许提供了背景，在此背景下，任何我能表达的东西都获得了意义。

从事哲学——许多方面就像从事建筑——确实更多是靠

---

[1] 根据维特根斯坦的学生，也是编者的冯·赖特的推测和补充，增加了括号内的"不"和"语言"。

[2] 奥托·魏宁格（1880—1903），奥地利作家，代表作《性与性格》。

自己操作。靠自己的理解。靠自己看待事物的方式。（以及自己对事物的期待。）

哲学家容易陷入不称职的经理的境地，他不是在做他的**本职**工作，只照管其雇员，让他们把事情做好，而是接管他们的工作，因此有一天会发现别人的工作让他不堪重负，而那些雇员则袖手旁观，批评他。

那种想法现在疲沓了，不再可用了。（我曾听见拉博对乐思做过类似的评论。）像锡箔纸，一旦弄皱就再也抹不平了。我所有的想法几乎都有点儿起皱。

我确实是用笔在思考，因为我的头脑经常对我手写的东西一无所知。

哲学家常常像小孩子，他们先在一张纸上随意涂一些记号，便问成年人："那是什么？"——结果是这样：成年人经常给小孩子画个东西，说"这是一个人"，"这是一幢房子"等等。而现在小孩子也画一些记号，问："那么**这**是什么呢？"

拉姆塞[1]是一个资产阶级思想家。也就是说，他是为了整顿某个特定的共同体的事务而思考。他没有考虑国家的本质——或者至少他不喜欢这么做——而仅仅是考虑**这个**国家如何被合理地组织起来。这个国家也许不是唯一可能的国家，这个想法一定程度上使他不安，一定程度上使他厌烦。他想尽快着手思考基础——**这个**国家的基础。这是他擅长的事情，是他真正感兴趣的事情。而真正的哲学思考却使他心烦意乱，直到他把思考的结果（如果有结果的话）搁在一边，认为是微不足道的为止。

奇妙的类比可能是基于这一点：哪怕最大的望远镜的镜片也都不能大于人眼。

---

[1] 弗兰克·拉姆塞（1903—1930），英国哲学家、数学家，剑桥哲学教授，维特根斯坦的《逻辑哲学论》的英译者。1928 年维特根斯坦重返剑桥时，为获得哲学博士学位，师从拉姆塞。

托尔斯泰：事物的意义（重要性）在于它是人人均可理解的东西。——这话既是对的也是错的。使某物难以理解的原因——如果它是重要的、有意义的——并不在于你要弄懂它就必须在深奥的问题上接受指导，而是在于对某物的理解与绝大多数人**想要**领会的东西之间的对立。正因为如此，最明显的事物可能是最难理解的事物。必须克服的是意志的困难而非智力的困难。

现今教哲学的人给学生食物，不是由于食物合他们的口味，而是为了改变其口味。

我应该只是一面镜子，读者从中看到他自身思想的各种畸形，借此便能将其改正。

语言给每一个人都设下相同的圈套，它是一张精心守护着歧途的巨大网络。于是我们看着一个又一个人走在相同的路上，事先就知道他会在什么地方拐弯，会在什么地方一直往前走而未留意岔道，诸如此类。因此，我应该做的是在一切有歧途的交叉路口上竖起路标，帮助人们通过危险地段。

埃丁顿[1]所说的"时间的方向"以及熵[2]的法则等于是说，如果有朝一日人们开始倒着走，时间就会改变方向。你喜欢这么说当然是可以这么说，但你心里应该清楚，你无非是说人们改变了行走的方向。

有人将人类分为买主和卖主，忘了买主也是卖主。如果我提醒他这一点，他的语法就改变了吗？

哥白尼或达尔文的真正的成就，不是发现了一种真正的理论，而是发现了一种肥沃的新观点。

我相信，歌德真正寻求的是一种颜色的心理学而非生理学的理论。

[1]　亚瑟·斯坦利·埃丁顿爵士（1882—1944），英国理论天体物理学家。
[2]　熵，热力学中表征物质状态的参量之一。

忏悔必须成为新生活的一部分。

我想要表达的意思从未表达出半数以上。其实没那么多，不过十分之一罢了。这一定是意味着什么。我的写作经常只是"结结巴巴"而已。

只有圣徒才是犹太人的"天才"。连最伟大的犹太思想家也不过是有天分而已。（比如我自己。）

我的思想确实只是再生性的，我认为我这个想法有些道理。我认为我从未**发明**过一种思路，而总是由别人供给我思路，我至多是热情地将它用于我的澄清工作。这就是玻尔兹曼[1]、赫兹[2]、叔本华、弗雷格[3]、罗素、克劳斯、卢斯[4]、魏宁

---

[1] 路德维希·玻尔兹曼（1844—1906），奥地利物理学家。

[2] 鲁道尔夫·赫茨（1857—1894），德国物理学家。

[3] 戈特洛布·弗雷格（1848—1925），德国数学家、逻辑学家。

[4] 阿道夫·卢斯（1870—1933），奥地利建筑师、建筑理论家。

格、斯宾格勒、斯拉法[1] 对我的影响。能否把布罗尔[2] 和弗洛伊德当作犹太人再生性思想的一例？——我发明的是新的**明喻**。

我在为德罗比尔[3] 制作头部模型的那个时候，刺激因素实质也是德罗比尔的工作，我的工作确实又是一次澄清。我相信，对于澄清活动而言，重要的是要有**勇气**去付诸实施，否则就只是成为一种聪明的游戏。

犹太人必须在真正的意义上"不把自己的事当回事"[4]。

---

[1] 皮埃罗·斯拉法（1898—1983），著名意大利经济学家。

[2] 约瑟夫·布罗尔（1842—1925），奥地利神经病理学家。

[3] 迈克尔·德罗比尔，奥地利雕塑家，是维特根斯坦在第一次世界大战时的意大利战俘营里的狱友。维特根斯坦曾在其工作室中做过雕塑作品。

[4] 引号中的句子改编自歌德的诗《虚无！虚无的虚无》第一行，它进而成为马克斯·施蒂纳的《唯一者及其所有物》的第一章的标题。《文化和价值》的英译者彼得·文奇认为，此处维特根斯坦很可能是直接引自施蒂纳而非歌德，因为后者的诗歌的含义与这里的上下文颇难相符。

但特别是对他来说，这一点异乎寻常的困难，因为他可以说是什么都没有。如果你**不得不**贫穷，较之于你可能也会很富有的时候，那自愿贫穷就要难得多了。

可以说（且不问是对还是错），犹太人的头脑就连一小片草叶或花朵都生产不出来，它所习以为常的只是要给别人的头脑中生长的草叶或花朵绘制图样，然后用它来草拟一幅综合的图案。这并不是要断言一种缺陷，只要正在做的事情是很清楚的，那就都还好。只有当某人将犹太人作品的本质与非犹太人作品的本质混淆时，尤其是当犹太人作品的作者自己这么做时，像他很容易会做的那样，才会出现危险。（"他这样骄傲，就好像这是他自己原创出来的产物。"）[1]

对他人作品的理解胜于他人对自己作品的理解，这是犹太人头脑的特点。

---

[1] 括号中的句子引自威廉·布施（1832—1908）的散文诗《爱德华的梦》。

当我给一幅画配上合适的画框或是把它挂对了地方时，我经常发现自己很骄傲，就像是我自己画了这幅画一样。这么说其实不对：不是"骄傲得像是我画了这幅画"，而是骄傲得像是我帮着画成的，可以说，像是画了它的一小点似的。就好像一个颇有天赋的养草的人，竟认为他自己也至少生产了一片微小的草叶。而他应该明白，他是在一个全然不同的领域里工作。

即便是一棵最微贱的小草的生长过程，他于此也是毫不相干并且是一无所知的。

画中一株完整的苹果树，不管画得多准确，某种意义上也比最小的雏菊更不像苹果树本身。从这个意义上讲，比起马勒的交响曲，布鲁克纳的交响曲和英雄时期的交响曲[1] 更密切相关得多。如果马勒的交响曲是艺术作品，那也是**完全**不同的一种类型。（而这其实是斯宾格勒式的观察。）

---

[1] "英雄时期的交响曲"，是指以贝多芬第三交响曲为代表的曲风和精神。

不管怎么说，1913年至1914年在挪威期间，我有了一些自己的思想，或者眼下在我看来至少是这样。我的意思是，我觉得那个时候我产生了新的思路（但也许是我搞错了）。而眼下我似乎只是在使用旧的思路。

卢梭的性格中有犹太人的东西。

如果人们有时说，（某人的）哲学关乎气质问题，那这话是有一些道理的。对某些比喻的偏好就是我们所说的气质问题，基于这一点的分歧比乍见之下所显示的要多得多。

"把这个肿块看作你身上的一个正常肢体！"人们能否按照命令这么做？难道我有权随意决定拥有或不拥有一种关于我身体的理想观念？

在欧洲各民族的历史中，犹太人的历史没有按照他们对欧洲事务的干预而获得实际应有的对待，因为在这历史中他们被经验为一种疾病、一种畸形，没有人想把疾病与正常的生命置于同一层面。

可以说，只有对身体的整体感觉变了（只有全民族对身体的感觉变了），我们才能把这个肿块看作我们身上的一个肢体。否则，我们只能**容忍**它。

你可以指望某个个体显示这种容忍，乃至忽视这种东西，但是你不能指望某个民族这么做，因为正是不忽视这种东西，一个民族才成其为民族。换言之，指望某人**既要**保留从前对自己身体的审美感觉，**又要**让肿块受到欢迎，这是矛盾的。

权力和财产不是**一回事**，即便财产也赋予我们权力。如果说犹太人没有任何财产观念，这和他们致富的愿望也大概是不矛盾的，因为对他们来说，金钱是一种特殊的权力，而不是财产。（例如，我不想让我的种族贫穷，因为我希望他们拥有某种权力。我自然也希望他们合理地使用这种权力。）

勃拉姆斯和门德尔松之间一定有某种亲缘关系，但我并不是指勃拉姆斯作品中的个别段落让人想起门德尔松的段落所表现出来的那一点——这样讲可以更好地表达所谓的亲缘关系，勃拉姆斯做得十分严谨的地方，门德尔松只有一半严谨。或者说，勃拉姆斯是没有缺陷的门德尔松。

这一定是我无法安置的一个主题的结尾部分。今天，当我在考虑我的哲学工作并且自言自语"我破坏，我破坏，我破坏——"时，我想起了它。

人们有时说，犹太人诡秘机巧的本性是他们长期遭受迫害的结果。这肯定是不属实的。另一方面，可以肯定的是，他们受到这种迫害还得以生存下来，只是由于他们有着趋于诡秘的倾向。正如我们会说，这种动物得以逃脱灭绝，只是由于它具有自我隐匿的可能或能力。当然，我不会以此为理由称赞这种能力，绝对不会。

布鲁克纳的音乐丝毫没有留下内斯特罗伊[1]、格里尔帕策、海顿等人的细长（北欧日耳曼人？）的面孔，但它有着一张十足圆满（阿尔卑斯山区人？）的面孔，样式比舒伯特的还要纯正些。

　　语言使一切东西都呈现为相同的样式，其最原始的状态存在于**字典**之中，从而使**时间**的人格化成为可能，这种能力与将逻辑常项神格化一样引人注目。

　　一件漂亮的衣服会转变成（可以说是凝结成）蠕虫和大蛇，假如穿着这件衣服的人在镜中沾沾自喜地装扮自己[2]。

　　我从我的思想中获得的快乐是我自己的奇异生活中的快乐。这是*生活的乐趣*[3]吗？

---

[1]　约翰·内斯特罗伊（1802—1862），奥地利诗人、剧作家、演员，以喜剧和讽刺剧著称于世。

[2]　冯·赖特提出，是读作"假如穿着这件衣服的人沾沾自喜地注视着镜中的自己"还是读作"假如穿着这件衣服的人在镜中沾沾自喜地装扮自己"，这在手稿中辨认不清。

[3]　原文为法语 joie de vivre，意为"生活的乐趣"。

1932—1937

1932 年

说"无时间的状态在死亡之后将接着发生"或"无时间的状态在死亡之时接着发生"的哲学家，未留意到他们是在时间的意义上使用"之后""在""接着发生"这些词语的，未留意到时间性是嵌在他们的语法中的。

大约 1932—1934 年

记住好的建筑物给人的印象，它表达了一种思想。人们也想用手势回应它。

不要玩弄另一个人内心深处的东西！

脸是身体的灵魂。

我们不能外在地观察自己的性格，正如我们不能外在地观察**自己的笔迹**。

我和我的笔迹有着一种片面的关系，它不让我在同一个立足点上用别人的笔迹去察看，并拿它和别人的笔迹做比较。

对艺术说什么都是困难的，倒不如什么都不说。

我的思想，像每个人的思想那样，粘着我早期（凋谢的）思想的瘪壳。

勃拉姆斯的音乐思维的力量。

各种植物及其**人性**特点：玫瑰、常春藤、草、栎树、苹果树、谷物、棕榈。与词语的不同特点比较。

要刻画门德尔松音乐的本质，这么说就行了：门德尔松大概没有写什么难懂的音乐。

每一位艺术家都受到别的艺术家的影响，在其作品中显示那种影响的痕迹，可我们从他那儿得到的却照样只是他自己的个性。从别人那里继承的无非是蛋壳。我们应该宽容地对待它们的存在，但它们不会给我们提供精神养料。

（有时）在我看来，好像我已然是用无齿的牙龈在做哲学，好像我是为了正确的、更有价值的方式发言而不用牙齿。我在克劳斯身上能觉察到相似的情况。我把这看作一种衰退，而他不这样看。

1933 年

设想如果有人说，"甲的眼睛比乙的眼睛有更多美的神情"，那我想要说，他肯定不是用"美的"这个词表示一切我们称为"美的"东西的共同点。相反，他是在用这个限定很狭窄的词玩游戏。但这表现在什么方面？是我心里对"美的"这个词的解释有某种特别的限定吗？当然没有。——但也许我甚至都不想去将眼睛的神情美和鼻子的形状美做比较呢。

确实，我们也许会说：如果一种语言有两个词，因此没有迹象表明这些事例有什么共同之处，那么我将毫无困难地从这两个专用的词语中拿出一个用到我的事例中，而且，从我想表达的意义这里什么也不会少掉。[1]

如果我说甲的眼睛很美，有人就会问：你觉得他的眼睛美在何处？也许我就会回答说：杏仁形，长睫毛，细嫩的眼睑。

这双眼睛与一座我也觉得是美的哥特式教堂有什么共同点呢？我是说它们让我有相似的印象吗？如果我说，其共同点就是在这两个事例中我的手都忍不住想要把它们画出来，将会怎样？这无论如何都是对美的一个**狭窄的定义**。

往往可以说：问一下什么理由让你把某物称为好的或美的，"好的"这个词的特殊语法在这种情况下就会清清楚楚了。

---

[1] 新版在该条目与下一个条目之间增补如下内容：

"有人可能会说：那在特定的情况下我如何解释'规则'或'植物'这个词呢？那将说明'我用这个词所表示的意思'。

"假设我说了，'园丁在这温室里养了很美的植物'，我想用这句话和听者交流某种东西，那出现的问题是：为此他必须知道一切我们称为'植物'的东西所具有的共同点吗？不必。我完全可以用几个例子或几张图片给他解释一下手头的情况。

"如果我以同样的方式说道，'我将向你解释这个游戏的规则'，那我要预先假定对方知道一切与我们所说的'规则'共同的东西吗？"

1933—1934 年

我认为，当我这样说时，我总结了我对哲学的态度：人们确实只应当像写诗那样写哲学。对我来说从中就必定可以知道我的思考在多大程度上属于过去、现在和未来。因为这就揭示出我自己的确不能做那些我以为有能力去做的事。

如果使用逻辑上的骗术，除了骗你自己你还能骗谁？

作曲家的名字。有时它是我们视为既定的投影法。例如当我们问什么样的名字适合这个人的性格时。但有时我们把性格投射到名字上，把这看作既定的。于是我们得到的印象是，我们非常熟悉的大师有着正好适合其作品的名字。

1934 年

如果某人预言道，下一代将捡起那些问题并予以解决，那这通常就是一种一厢情愿的想法，一种为未能完成该完成的工作而自我原谅的方式。父亲希望儿子实现其未竟的事业，这样他悬而未决的任务就仍会得到解决了。而他的儿子却面临一项新的任务。我是说：任务不应该是未完成的这个愿望伪装成了将由下一代进一步完成的预言。

勃拉姆斯的充溢的**可能性**。[1]

某个着急的人坐在汽车里会不知不觉地推，即便他会告诉自己说他根本没有在推车。[2]

---

[1]　在彼得·文奇的英文译本中，这句话被译为"The overwhelming *skill* in Brahms"，他使用了 skill 来对应德语动词 Können。若将这个德语词首字母大写，则名词化，表示"可能做到"，"可以实现"。中译者认为很难找到贴切的中文动词或名词来对应，故勉强译为"可能性"。

[2]　新版该条目如下：

"如果我说，'这是唯一确实可见的东西'，那我就指着我的前方。然而，如果我是指向侧方或背后——指着我看不见的东西——那这种指向于我而言就会失去一切意义了。这意味着，尽管我指向前方是没有和任何东西作对比的。(某个着急的人坐在汽车里会不知不觉地推，即便他会告诉自己说他根本没有在推车。)"

顺便说说，在我的艺术活动中，我只是**态度好**罢了。

1936 年

哲学研究（也许特别是在数学方面）和美学研究之间的奇怪的相似性。（例如，这件衣服有什么不好，它应该怎样等等。）

1934 年或 1937 年

在默片时代，所有的古典音乐都为电影播放，除了勃拉姆斯或瓦格纳。

不播放勃拉姆斯，因为他太抽象了。我可以设想一个激动人心的电影场景是由贝多芬或舒伯特的音乐伴奏的，而且通过电影会对音乐获得某种认识。但不会对勃拉姆斯的音乐获得某种认识。而布鲁克纳倒是和电影配合得起来。

1937 年

假如你奉献一个祭品，就对此感到自负的话，你和你的祭品便都将遭到诅咒。

你那座高傲的大厦必须拆除。这意味着可怕的工作。

你能在一天之内经历地狱的恐怖，这点时间足够了。

能流利阅读的笔迹和能书写却不**容易**辨认的笔迹，两者的作用大为不同。思想被封存起来，像是被锁进首饰盒里。

对感官不发生影响的"纯度"更大的事物，比如，数[1]。

工作发出的光是一种美丽的光，但它只有被另一种光照亮才会闪耀真正的美。

---

[1] 参阅维特根斯坦《哲学研究》第一部分第 339 节关于"数"和"数字"的论述。

"是的，就是这么回事，"你说道，"因为那是必然的。"

（叔本华说：人的真正寿命是一百岁。）

"当然，一定是这样的！"就好像是你理解了造物主的**意图**。你理解了这个**体系**。

你没有暗自问道："那么人实际上是活多久呢？"这么问就显得肤浅了，而你却理解了更深刻的东西。

要让我们的主张不出现偏见或不流于空泛，唯一的办法，亦即对我们而言，就是如其所是地看待理想。就是说，将其视为内在于我们看待事物的方式的一个比较的对象——可以说是一个衡量标准，而不是所有东西都必须与之相符的先入之见。这也就是哲学很容易退化成的独断主义。

然而，斯宾格勒的方法和我的方法之间是什么样的关系？对斯宾格勒的歪曲：只要把理想作为决定思考方式的原则提出来，理想就不会失去任何尊严。一个好的测量单位 [1]。

---

[1] 手稿中"测量单位"曾写作"测量杆"。

麦考利[1]的散文有许多出色之处，可他对人的**价值判断**却无聊而多余。人们想要对他说：别指手画脚了！说你必须说的话就行了。

据说早期的物理学家突然觉得他们对数学懂得太少而掌握不了物理学，几乎同样可以说，现今的年轻人突然处在平凡见识再也满足不了生活提出的奇怪要求的境地中了。每件事情都变得如此复杂，必须有超常的理解程度才能掌握。因为再也不能把游戏玩好了，但是问题会再三提出来：眼下到底要玩什么样的游戏？

一种让有问题的东西消失的生活方式，是解决你生活中所见问题的方式。[2]

生活是成问题的，这就说明你的生活形态不适合生活的

---

[1]　托马斯·巴宾顿·麦考利勋爵（1800—1859），英国政治家、历史学家，曾任印度总督、陆军大臣，著有《英国史》等。
[2]　新版在这个句子前增补：
　　"睡眠稍有好转。生动的梦境。有点抑郁；天气和健康状况。"

模子。所以你必须改变生活方式，一旦你的生活符合模子，成问题的东西就会消失。

可难道我们没有感觉到，那种在生活中看不到任何问题的人，他对重要的甚至最重要的事物是盲目的？难道我不想说，那种人只是毫无目标地活着——像鼹鼠那样盲目地活着，要是他能够睁眼去看，他就会看到问题所在？

或者我难道不应该说：一个正确地生活的人不会把问题经验为**悲哀**的，因此归根结底是不会成为问题，倒是会成为喜悦，换言之，可以说是成为环绕生活的一圈明亮的光轮，而不是一个昏茫的背景？

思想有时也在未成熟之前就从树上掉落下来。

做哲学时不断变换姿势对我很重要，不要**单**腿站立过久而僵硬。

像长时间登山的人，为恢复体力、伸张不同部位的肌肉而倒着走上几步。

基督教不是一种学说，我是说，不是一种有关人类灵魂已经发生和将要发生的事情的理论，而是对人类生活中实际发生的事情的描述。因为"罪孽的认识"是真实的事情，绝望和因信得救也是。讲到这种事情的人（例如班扬），不管怎样加以润饰，也都只是在描述他们身上发生的事情！[1]

我在想象一首乐曲时——我每天要做的事，经常要做的事——我总觉得是在让上前牙和下前牙有节奏地摩擦。以前我就注意到了，但我通常是不知不觉地这么做的。而且，我想象的音符就好像是产生于这个动作。

这种在想象中听音乐的方式可能是很常见的。我当然也能不动牙齿想象乐曲，然而音符就会模糊得多，更不用说是

---

[1] 新版有增补，如下：

"偶感风寒，无法思考。鬼天气。——基督教不是一种学说，我是说，不是一种有关人类灵魂已经发生和将要发生的事情的理论，而是对人类生活中实际发生的事情的描述。因为'罪孽的认识'是真实的事情，绝望和因信得救也是。讲到这种事情的人（例如班扬），不管怎样加以润饰，也都只是在描述他们身上发生的事情！"

清晰、明确了。

思想也有耕耘之时和收获之时。

例如，如果人类被赋予一些图式命题作为统领思想的信条，也就是说，思想内容本身没有被决定，但是思想的**表达方式**却被完全控制，这就会造成一种很奇怪的后果。人们将在一种绝对的、露骨的暴政下生活，却不能说他们是不自由的。我觉得天主教的一些做法就有点像这样。因为教条是以断言的形式表达的，是不可动摇的，却能将任何实际的看法弄得与之相符。当然，这在某些情形中会容易一些，在另一些情形中会困难一些。对意见造成限制的不是一**堵墙**，而更像是一个**刹车闸**，它实质是服务于相同的目的。几乎像是有人将一个重物缚在你脚上，限制你的行动自由。教条就是这样变得不容辩驳和不受攻击的。

如果我只为自己思考某个论题而没有想到将它写成一本书，那我的思维就会围绕这个论题跳来跳去；对我来说这是唯一自然的思维方式。将思想强行塞进一个有序序列，这对我来说是一种折磨。这种折磨难道值得尝试吗？

为安排我那些可能是毫无价值的思想，我要**浪费**不计其数的工作。

人们有时对我说，他们无法对这个或那个下判断，是由于从来没有学过哲学。这是恼人的胡说，这是将哲学假定为某种科学。人们谈论它，就像他们谈论医学一样。——但我们却可以说，那些从未做过一项哲学类研究的人，正如绝大多数数学家那样，并没有为此类研究或细察配备合适的视觉工具。几乎和不习惯在森林中寻找浆果就会什么都找不到的人一样，因为他的眼睛还没有受过训练以发现这种东西，不知何处才必须对此特别加以警戒。同样，哲学上练习不足的人会从所有草下藏着难题的地点经过，而有练习的人却会停住脚步，觉察到此处有难题，即使还没能看见。——如果我们知道，即便是觉察到有难题的老练的调查员也必须找多久才能找到，那就不足为奇了。

藏得好好的东西是难以找到的。

宗教的比喻可以说是在深渊的边沿移动，以班（扬）的寓言为例。因为，要是我们直白地补充说，"所有这些陷阱、沼泽、歧途都是道路之神布下的，怪兽、窃贼、强盗都是他创造出来的"，那会怎样？

这当然不是这个比喻的意义！只因为这种补充太明显了！对包括我在内的许多人来说，这就会剥夺这个比喻的力量。

但要是——在某种程度上——忍住不说，这就尤其明显了。要是它在每个关键时刻都能公开说明，那就会不一样："我把它用作比喻，但是你看，它用在这儿不恰当。"你就不会觉得受骗，就不会觉得有人企图哄你相信了。例如，你可以对某个人说："为你得到的好处感谢上帝吧，可别抱怨坏处，就像有人对你时好时坏而你当然会抱怨的那样。"生活的原则是打扮成图画的。这些图画只能用来**描绘**我们应当做的事，却不能用来**证明**这么做是**合理**的。因为要证明为合理，它们就必须在其他方面也仍然有效。我可以说："谢谢那些蜜蜂酿造了蜂蜜，就好像它们是为你备了蜂蜜的好心人。"这么说是**可理解**的，是在描述我希望你如何去表现。但我不能说："谢谢蜜蜂，因为你看，它们多好心啊！"——下一时刻它们就会刺痛你的。

宗教说：**这样做**！——**那样想**！——但宗教不能证明这是合理的，而且只要它试图这样证明，就会变得令人厌恶。因为对于它给出的每一个理由，都存在一个相反的正当理由。

这么说会更有说服力："这样想！不管它会让你觉得多么奇怪。"或者说："你会这样做的吧？——不管你会觉得多么反感。"

神恩的选择[1]：这样说只有出自最可怕的痛苦才是允许的——这就意味着完全不同的东西。为此，任何人都不得把它列为真理，除非他本人是在痛苦中这么说的——它根本就

---

[1] 也叫作"救赎预定"，指人类只能等待上帝的恩典，完全无法自救；上帝在罪恶的人类中选择一部分作为选民，这种选择完全是上帝的意志，预先设定不可更改，是无条件的拣选。

不是一种理论。——或者正如人们同样可能会说的：如果这是真理，那也不是它乍见之下似乎表示出来的那种真理。与其说是一种理论，不如说它是一声叹息或哭泣。

在我们的对话过程中罗素经常会大叫："逻辑的地狱！"——这完全表达了我们在思考逻辑问题时的感觉，也就是说，它们那种巨大的困难。它们那种硬度——它们那种坚硬而**滑溜**的质地。

产生这种感觉的主要原因，我认为是在于这一点：我们可以追溯性地想到的每一种新的语言现象都能够证明我们先前的解释是行不通的。

但这就是苏格拉底试图给概念下定义时陷入的困境。词语的一个用法再三暴露出似乎与其他用法使我们形成的概念不一致的情况。我们说：但事实**并非**如此！——可它**是**这样的！我们所能做的就是不断重复这些对立。

《福音书》中宁静而清澈地流动的泉水在保罗的《使徒书》中似乎泛起了泡沫。或者在**我**看来是这样的。也许正是我的不纯才从中读出了浑浊，因为这种不纯何以就不能污染清洁之物呢？可对我来说，就好像我看到了人的激情，类似于骄傲或愤怒的东西，与《福音书》的谦卑是不符的。就好像他真的是在坚持他自己的人格，**并且把这当作一种宗教行为**，这是与《福音书》无关的东西。我想问——但愿不是亵渎——"基督会对保罗说些什么呢？"

但公平的回答是：这与你何干？留神让**你自己**变得更正派些吧！以你目前的状态，你完全不能理解这里的真相。

在《福音书》里——在我看来——凡事都**较少自负**，都更谦卑、质朴。在那里你找到棚屋，在保罗身上你找到教堂。在那里所有人都是平等的，上帝自己就是人；在保罗身上则已经有了类似于等级、荣典、官职这样的东西。——这，可以说，是我的**鼻子**告诉我的。

让我们做人吧。

我刚从纸袋里掏出一些存放已久的苹果。我不得不将好几个切去一半扔掉。后来誊抄我写的一个句子，后半句不好，我立刻就把它看作烂掉一半的苹果。我一直都是这样。任何事情到我身上，对我来说，都会成为我在思考的东西的一幅图画。（这种思维方式是否有些女气？）

做这项工作时我发现自己跟那种人的处境相似，他煞费苦心也想不起一个名字。在这种情况下，我们会说："想点别的事情，然后你就会想起来的。"——同样，我必须不停地想点别的事情，以便想起寻觅已久的东西。

语言游戏的发端及原始形态是一种反应，只有从这种反应中才能够发展出更复杂的形态。

语言——我想说——是一种精制，"太初有为"[1]。

克尔凯郭尔写道：要是基督教那么安闲惬意，上帝为什么要在《圣经》中让天地运行并预示**永恒**的惩罚？——问题：既然如此，《圣经》为什么会如此含糊不清？如果我们想要对人警示可怕的危险，难道我们会给他出个谜语，而谜底就

---

[1]　语出歌德《浮士德》第一部（书斋）。

是警示的内容？——可谁说《圣经》真的是含糊不清的？在这种情况下，"出个谜语"难道就不可能是必要的吗？另一方面，给予更直接的警示难道就必然会产生**错误的**影响吗？上帝让**四个人**讲述那位道成肉身的神的生平，所述各不相同，而且彼此矛盾——可难道我们就不可以说，重要的是，这种叙述不应该超过很一般的历史真实，**这样就**使得这种叙述不应该被视为本质的、决定性的东西？这样**字面意义**就不应该被过分相信，**精神**就会得到应有的理解。也就是说，即便是最精密的一流历史学家也无法把你应该要看到的东西传达出来。**因此**普通的叙述就够了，甚至更可取。因为这也能把你应该得知的东西告诉你。（大致类似于普通的舞台布置可能会胜过高级的舞台布置，画出来的树胜过真正的树——后者会转移对重要事物的注意力。）

圣灵将本质的、对你的生活而言是本质的东西注入那些话语。关键在于你只**应该**清楚地看到即便是在**这种**表述中也能够清楚地显示的东西。（在克尔凯郭尔的精神中这一切正好是到什么程度，我不敢肯定。）

在宗教中，各个级别的虔诚必有其适当的表现形式，这种表现形式在一个较低的级别上是没有意义的。因为这种在较高级别上有所意味的教义，对仍处于较低级别的人来讲是空洞而失效的。它只**能得到错误的**理解，因此那些话对这种人来讲是**无效的**。

例如，在我的级别上，保罗有关神恩的选择的教义是违背宗教原则的，是险恶的胡说八道。既然我只会错误地使用我所得到的图画，那它就不是冲着我来的。如果它是一幅神圣的好的图画，那也是对级别完全不同的人而言的，而他用之于生活的方式必定全然不同于我可能会使用的方式。

基督教不是基于历史的真实，而是给我们提供一种（历史的）叙述并宣称：去信仰吧！但不是以适合历史报道的那种信念去信仰这种报道，而是赴汤蹈火地去信仰，你只能把这当作生活的结果。**你在这里获得一种寓意！——不要像对待别种历史寓意那样对待这种寓意。**在你的生活中为它安排一个**完全不同**的位置。——这丝毫没有**悖谬**之处！

没有人会如实地说他自己是肮脏下流的。因为假如我这么说，尽管某种意义上是真实的，我却仍然不会被这种真实洞穿：不然，我要么就会疯掉，要么就会改变自己。[1]

这听起来很奇怪：《福音书》的历史叙述，从历史的观点看明显可能是假造的，而信仰却不会因此失去什么，但**并不是**由于它关乎"理性的普遍真理"！而是因为历史的证明（历史的证明游戏）与信仰无关。人们诚笃地（亦即深情地）抓住这个神示（《福音书》）：**这**是指这种"奉为真实"的确定性，而不是指别的东西。

信仰者与那些叙述的关系，既不是他与历史的真实（可能性）的关系，也不是他与那种端赖于"理性真理"的理论的关系。是有这样一种关系。——（我们对不同种类的所谓虚构也都是抱着相当不同的态度！）

---

[1] 新版中该条目与下一个条目是连在一起的，加上旧版删去的两个句子，如下：

"如果我认识到我有多么鄙吝和小气，我就应该变得更谦逊些。

"**没有人会如实地说他自己是肮脏下流的**。因为假如我这么说，尽管某种意义上是真实的，我却仍然不会被这种真实洞穿：（转下页）

我读到："若不是被圣灵感动的，也没有能说耶稣是主的。"[1]——确实如此：我不能称他为主，因为这对我来说没有意义。我可以称他为"表率"，甚至是"神"——确切地说，他被这样称呼时我能理解，但我不能以"主"的含义说这个字，**因为我不相信**他会来审判我；因为这对我来说没有意义。只有当我过着**全然**不同的生活时，它才对我

（接上页）不然，我要么就会疯掉，要么就会改变自己。

　　"和 A. R. 喝咖啡。不像以前那样了，但也不坏。

　　"这听起来很奇怪：《福音书》的历史叙述，从历史的观点看明显可能是假造的，而信仰却不会因此失去什么，但**并不是**由于它关乎"理性的普遍真理"！而是因为历史的证明（历史的证明游戏）与信仰无关。人们诚笃地（亦即深情地）抓住这个神示（《福音书》）：**这**是指这种"奉为真实"的确定性，而不是指别的东西。

　　"信仰者与那些叙述的关系，既不是他与历史的真实（可能性）的关系，也不是他与那种端赖于'理性真理'的理论的关系。是有这样一种关系。——（我们对不同种类的所谓虚构也都是抱着相当不同的态度！）"

[1]　见《哥林多前书》12：3。

有意义。[1]

是什么让我也倾向于相信基督复活？好像我是在玩弄思想。——假如他没有死而复生，他就跟别人一样必是在坟墓里腐烂了。**他死了并且腐烂了**。那他就是一名普通教师，再也不能给予**帮助**了。我们就再度成为孤儿，没有陪伴了。就不得不用智慧和沉思来弥补。就好像我们处在那种地狱中，只能在那里做做梦，被一个屋顶那样的东西彻底阻断了去往天堂的可能性。但如果我**确实**要被拯救——我所需要的便是**确定性**——不是智慧、做梦或沉思——这种确定性便是信仰。信仰是相信我的**心灵**、我的**灵魂**之所需，而非我

---

[1] 新版有增补，如下：

"**今天**能够工作是我很大的福分了。可我是那么容易就把我所有的福分都给忘了！

"我读到：'若不是被圣灵感动的，也没有能说耶稣是主的。'——确实如此：我不能称他为主，因为这对我来说没有意义。我可以称他为'表率'，甚至是'神'——确切地说，他被这样称呼时我能理解，但我不能以'主'的含义说这个字，**因为我不相信**他会来审判我；因为这对我来说没有意义。只有当我过着**全然**不同的生活时，它才对我有意义。"

的思辨理性之所需。因为，必须被拯救的正是我的充满激情的，可以说是有血有肉的灵魂，而不是我的抽象思维。或许我们可以说，只有**爱**才相信复活。或者可以说，正是**爱**才相信复活。我们可能会说，救赎之爱才更相信复活、更坚信复活。消除怀疑的，**可以说是救赎**。坚持**救赎**必定是在坚持这个信仰。因此这就意味着：首先你必须被救赎并坚持你的救赎（固守你的救赎）——然后你会看到你在坚持这个信仰。你只有不再立足尘世而是悬在空中时，这才会发生。于是**一切**就会不同，如果你能做你眼下做不到的事，那也"不足为怪"。（悬着的人看上去和站立的人一样，可他内在力量的相互作用却完全不同，所以他能做得和站立的人完全不同。）

写你自己，你不能写出比你本人更真实的东西。这是写你自己和写外部对象之间的区别。你从自身的高度写你自己。你不是站在高跷或梯子上，而是光着脚站立。

1938—1946

1938 年

弗洛伊德的观念：在癫狂中，锁没有被摧毁，仅仅是被改动了；旧钥匙再也不能打开它，但可以用一把构造不同的钥匙将它开启。

布鲁克纳的交响曲可以说是有两个开始：第一个乐思的开始和第二个乐思的开始。这两个乐思相互支持，不是像血缘亲属，而是像丈夫和妻子。

布鲁克纳的第九交响曲是对贝多芬的第九交响曲的一种**抗议**，因此就变得可以忍受了，而它作为一种模仿是会让人受不了的。它对贝多芬第九交响曲的遵守，颇似莱瑙的《浮士德》对歌德的《浮士德》的遵守，这就意味着颇似天主教的《浮士德》对启蒙时期的《浮士德》的遵守。诸如此类。

没有比不欺骗你自己更难的事了。

朗费罗:

在艺术的早年

创建者以极大的审慎锻造

每一个细微难见的部分

因为神灵无处不在

(这可以用作我的座右铭。)

音乐或建筑中类似语言的现象。意味深长的不规则性——例如在哥特式建筑中。(我还想到圣巴西尔大教堂的塔楼。)巴赫的音乐比莫扎特或海顿的音乐更像语言。贝多芬第九交响曲第四乐章的倍低音提琴的宣叙调。(亦可参照叔本华对构成**个别**文本的**普遍性的**音乐的论述。[1])

在哲学中,竞赛优胜者是能够跑得最慢的人。或者说是

---

[1] 叔本华:《音乐的形而上学》,原载《作为意志和表象的世界》第39章,由于中译本尚不完整,这个段落译文从缺。

最后一个到达终点的人。

1939 年

接受精神分析有点像是食用知识之树的果子。我们获得的知识给我们提出（新的）伦理问题，但丝毫无助于问题的解决。

1939—1940 年

门德尔松的音乐缺少什么？"勇敢的"旋律？

《旧约》被视为无头的躯体;《新约》，头;《使徒书》，头上的王冠。

如果我想到犹太圣经，单指《旧约》，那我就想说：这具躯体上的头是（仍然）不见的。那些问题的答案是不见的。那些希望的履行是不见的。但我不一定要把头看作是戴着**王冠**的。

嫉妒是肤浅的东西——也就是说，标志嫉妒的颜色不会变深——更深的激情有着不同的色彩。（**这**当然不会使嫉妒变得不那么真实。）

天才的尺度是性格——即便性格本身**不**等于天才。天才不是"才能**加**性格"，而性格却是以特殊才能的形式显示出来的。一个人通过跳进水里表现勇气之时，另一个人通过写交响乐表现勇气。（这是一个无力的例子。）

天才并不比任何诚实的人有更多的光——但他有一个将光线聚焦至燃点的特种透镜。

灵魂何以被空洞的思想推动呢？——它们毕竟是空洞的。嗯，它被它们推动了。

（风只不过是空气，何以能摇动树木呢？嗯，它**确实摇动**树木。不要忘了这一点。）

无人**能够说出**真理，假如他还没有战胜自己。他**无法**说出真理——但并不是由于他还不够聪明。

真理是已然通晓它的人才说得出来的。仍活在谬误之中、仅仅偶尔摆脱谬误而接近真理的人是说不出来的。

躺在荣誉上休息和在雪地跋涉时躺下休息一样危险。你打起瞌睡，在睡眠中死去。

愿望的极端空虚，在我想要尽快写满一个精美笔记本的愿望中得到例示。这么做我**毫无**所得。我想这么做倒不是由于，比如说，这将成为我的生产力的证明，这只是一种想要尽快摆脱熟悉事物的**渴望**罢了。然而，一经摆脱，我当然就必定产生新的渴望，整件事就不得不重复了。

可以说，叔本华真是个粗人。换言之，尽管他有教养，这种教养在一定程度上却会突然枯竭，然后他就和最粗浅的人一样粗浅了。他的深度终止于真正的深度开始之处。

可以这样谈论叔本华：他从不察看他自己。

我像马背上的蹩脚骑手那样跨坐在生活上。此时此刻我没有被甩下来，仅仅归功于马儿的好脾气。

如果说艺术用于"唤起情感"，那用感官来感知艺术是不是也包含在那些情感中呢？[1]

我相信，我的独创性（如果这是个恰当的词）是属于土壤而非属于种子的独创性。（也许我没有自己的种子。）在我的土壤里播下一粒种子，它的生长将不同于它在其他任何土壤里的生长。

弗洛伊德的独创性我想也是如此。我一直相信——不知何故——精神分析的真正胚芽是来自布罗尔，而非弗洛伊德。布罗尔的谷种当然只会是很小的。

（**勇气**总是意味着独创。）

---

[1] 新版有增补，如下：

"（这个旋律造成的）印象完全无法描述。——也就是说，描述（就我的目的而言）毫无用处。你必须聆听这个旋律。如果说艺术用于'唤起情感'，那用感官来感知艺术是不是也包含在那些情感中呢？"

人们如今认为，科学家的存在是要给他们教导，诗人、音乐家等人的存在是要给他们娱乐。**后者是有东西要教给他们的**——这种想法没有出现在他们的脑子里。

钢琴演奏，人类手指的舞蹈。

人们或许会说，莎士比亚展示了人的情感的舞蹈。因此他必须是客观的，否则就说不上是在展示人的情感的舞蹈——倒更像是在谈论它了。但他不是用自然主义方式，而是在舞蹈中向我们展示它的。（这个想法来自保罗·恩格尔曼。）

它们不如孩子第一次讲话那样有风格。连艺术极品也有着堪称"风格"的东西，是的，甚至是堪称"时尚"的东西。[1]

---

[1]　新版如下：

　　"N. T. 的比喻为阐释的深度留下要有多少就有多少的余地。**它们**是没有底的。它们不如孩子第一次讲话那样有风格。连艺术极品也有着堪称'风格'的东西，是的，甚至是堪称'时尚'的东西。"

1940 年

因果观点的阴险之处在于它引导我们说："当然，它只能如此发生。"而我们却应该想到，它可能**如此**发生——也可能以其他种种方式发生。

假如我们使用人种学的方法，这是否意味着我们宣称哲学是人种学呢？不是的。它仅仅意味着我们采取远离的立场，以便**更客观**地观察事物。

我所反对的是那种似乎被认为是**先验**给定的理想的正确性的概念。不同的时代有不同的理想的正确性，它们当中没有一个是超群出众的。

我所运用的最重要的一个方法，是为我们的思想设想出一种和现实发展过程不同的历史发展过程。假如我们这么做，问题就会向我们展示全新的侧面。

讲真话往往只比讲假话稍稍不舒服了一点，就像是喝苦咖啡而不是喝甜咖啡。可尽管那样，我还是非常想要讲假话的。

一切伟大的艺术中都有一头**野兽：驯化的**野兽。

拿门德尔松来说，他的音乐中就没有。一切伟大的艺术都是以人的原始冲力作为低音的。它们不是**旋律**（比如它们或许在瓦格纳音乐中呈现的那样），但它们是赋予旋律**深度**和**力量**的东西。

从**这个**意义上讲，门德尔松可以被称为"**再生性的**"艺术家。——

从同样的意义上讲，我为格蕾特尔[1]建造的房子确乎是灵敏的听觉和**良好的**礼貌的产物，表现出（对文化以及其他事物）的出色理解。但是那种想要尽情撒欢的**原初的**生命、**野性的**生命——是缺乏的。所以你可以说，**健康**是缺乏的

---

[1]　维特根斯坦的姐姐玛格丽特·斯托巴罗。1926 年维特根斯坦接受姐姐的委托，为她设计维也纳的新住宅。初稿由保罗·恩格尔曼绘制，后经维特根斯坦修改成为体现其个人审美观的一件作品。

（克尔凯郭尔）。（温室植物。）

教课时从学生身上取得良好乃至惊人成果的教师，还不成其为好教师。因为，当学生直接受他影响时，他可能是把他们拔到一个不自然的高度，却没有培养他们在这个层次上独立工作的能力，所以教师一离开教室，他们的能力就立刻下降了。或许这种情况适用于我。我考虑过这个问题。（马勒亲自指挥时，他的私下演出[1] 是出色的；如果他没有亲自指挥，管弦乐队则似乎立刻就垮台。）

"音乐的目的：交流情感。"

与此相关：我们当然可以说"他现在的表情和之前一样"——尽管测量的结果在这两种情况下并不一样[2]。

"同样的面部表情"这句话是如何被使用的？——我们怎么知道某人是在正确地使用这句话的？我怎么知道我是在

---

[1] 赖特曾指出，该读作"私下演出"还是"排练演出"，这在手稿中不清楚。

[2] 参阅《哲学研究》第一部分第285节。

正确地使用这句话的[1]?

有人可能会说："天才是**天赋里的勇气**。"

试着被爱，而不是被钦佩。

不是疑惧而是疑惧之克服才值得称道，才使生活值得经历。勇气，而非机灵，更非灵感，才是会长成大树的芥菜籽粒。如果有勇气，就会有生与死的关联。（我想到拉博和门德尔松的管风琴音乐。）但并不是意识到别人缺乏勇气就让你自己获得了勇气。

有时，一种表达式必须从语言中取出，送去清洗——方可将它放回流通中。

对我来说，看见**近在眼前**的东西是多么困难啊！

---

[1]　参阅本书第 114 页、115 页上关于"音乐体验"和"表达情感的动作"的论述，第 154 页、155 页上关于"理解并解释乐句"的论述，第 178 页上关于"音乐中富于感情的表现"的论述。

舍不得放弃谎言又还要说出真话，这是办不到的。

写出正确的风格，就是将车厢恰好放在轨道上。

假如石头目前无法挪动，楔入其他石头中了，那就首先移动周围的石头。

假如你的车厢在轨道上放歪了，我们只要给你正轨就行了。驾驶的事情是我们要留给你自己去做的。

刮掉灰泥比移动石头容易得多。唔，你得先干一件事，然后才能干另一件事。

1941 年

（我的风格像拙劣的乐曲。）

不要为任何东西道歉，不要把任何东西都弄模糊了；注视并辨别它真正的样子——但是你必须看见进一步揭示事实的东西。

我们最大的愚蠢也许就是非常聪明。

难以置信的是，安放在我们档案柜里的那只新抽屉是多么有用。

你应该说点新的，但完全陈旧的东西。

你的确应该只说旧的——但**仍然**崭新的东西！

不同的诠释应该与不同的运用相符。

诗人也须经常自问："我写的东西的确真实吗？"——这倒不一定是问："它实则是如何发生的？"

（……）

你当然必须收集旧的材料。但必须为**一种建构**而收集。——

当我们老去时，问题又**从我们指间**滑脱，像我们年轻时它们时常滑脱的那样。我们不仅不能将它们砸开，甚至都抓不住它们了。

科学家的态度多么奇怪："这个我们还不知道，而它却是可知的，我们认识它不过是个时间问题！"就好像这是理所当然的事。

我可以设想，有人认为"福特纳姆"和"梅森"这两个名字彼此契合。[1]

不要提过多的要求，不要担心你的正当要求会化为乌有。

不停地问"为什么"的人，就像站在一幢建筑物前读着旅游指南的游客，在读房屋建造史之类的过程中妨碍了对它的**参观**。

对位法可能会对作曲家提出特别困难的问题，这个问题就是：鉴于**我的**倾向，**我**和对位法应该是什么样的关系？他可能找到了一种常规的关系，但或许会觉得，这不是**他的**那种关系。或许会觉得对位法的重要性对他而言**应当**是什么，

---

[1] "福特纳姆和梅森"是伦敦一家商场的字号。

目前尚不清楚。

（这个方面我想起舒伯特，想起他临终前仍想去听对位法的课程。我想，他的意图可能不仅仅是想多学点对位法，而是想要确定他和它的关系中的位置。）

瓦格纳的**动机** [1] 堪称音乐散文句式。正因为有"押韵散文"这样一种东西，那些**动机**肯定能够缀合成旋律的形态，却没有构成一个旋律。

瓦格纳的戏剧也不是戏剧，而是用线串联起来的场景集合体。就其自身而言，不过是被**巧妙地**纺织，而不是像动机和场景那样被赋予了灵感。

要以天性而不要以别人的例子来指导你！

哲学家使用的语言已经像是被太紧的鞋子挤得变形了。

戏剧里的角色引起了我们的共鸣，他们像我们认识的

―――――――――

[1] motif，音乐的乐旨、动机。

人，时常像我们所爱或所恨的人。《浮士德》[1]第二部中的角色丝毫没有引起我们的共鸣！我们并不觉得好像我们认识他们似的。他们排成一行从我们身边经过，像观念，而不像人类。

1942 年

欣赏数论的定理之美的数学家（帕斯卡），就好像是在欣赏某种自然美。它是美好的，他说，数的特性多么神奇。就好像是在欣赏一块遵从法则的水晶。

有人可能会说：造物主构建在数中的法则是多么神奇！

你不能**建造**云彩。这就是你**梦想**的未来决不会实现的原因。

还没有飞机时，人们梦想飞机，梦想拥有飞机的世界会是怎样一番景象。然而，正因为现实丝毫不像这种梦想，所以我们就没有任何理由相信，现实会以我们梦想的方式发

---

[1]　歌德的诗剧《浮士德》。

展。因为我们的梦想充盈着闪亮饰品，像纸帽和戏服。

我们的科学家所撰写的流行的科学著作，不是艰苦工作的表现，而是躺在其荣誉簿上的表现。

假如你已经**得到**一个人的爱，为此而付出的牺牲就都不会是代价太高的，但是，对你而言任何牺牲都是太大，大得买不起的。

正如有**深**睡眠和浅睡眠一样，实质是有心底呈现的思想和表面嬉闹的思想。

你不能将种子拔出土壤。你能做的就是给它温暖、水分和光线，然后它就会生长。（你甚至都不可以**碰**它，除非是小心从事。）

漂亮的东西不可能是美丽的。——

如果房门没有锁上并且是向内打开的，某个人就会被**囚禁**在屋里。但他没有想到**拉**门，而是想去推门。

将人置于错误的氛围里，一切就都不会起到应有的作用。他身上的每一个部分都会显得不健康。把他放回原有的天地，一切将显得蓬勃而健康。但如果他不能得其所哉，那会怎样？嗯，他就不得不在世人面前尽量好好做一个跛子。

假如白色变成黑色，有些人就会说："本质上仍是相同的。"如果颜色变深一度，其他人就会说："**彻底**变了。"

建筑是**姿态**。不是每一个有目的的人体动作都是姿态。正如不是每一个功能性建筑都是建筑。

目前我们是在反潮流。但这股潮流会消亡，会被别的潮流取代。然后人们就将不再理解我们的反对，就将难以领会这一切何以需要说明了。

在可疑的说法中寻找谬误，做"藏顶针游戏"[1]。

---

[1] hunt-the-thimble，藏顶针游戏，一种派对游戏。参加游戏者全体离开房间，只留下一个人，留下的人便将一枚顶针或类似小物件在屋内某处藏起来，然后大家回到屋里，必须指认所隐藏物件的位置。

1943 年

假设两千年前有人发明了这个**模型**，

说是有朝一日会成为某种移动工具的模型。

或者可能是：有人造出了蒸汽机的完整**机械结构**，却丝毫没有想到如何将它用作引擎。

你看成禀赋的东西是你要解决的一个问题。

天才是使我们忘记大师的才能的东西。

天才是使我们忘记才能的东西。

天才磨薄之处，技巧就会显露出来。(《名歌手》序曲 [1])。

---

[1] 瓦格纳三幕歌剧《纽伦堡的名歌手》序曲，又名《纽伦堡的名歌手前奏曲》。

天才是使我们看不见大师的才能的东西。

只有在天才磨薄之处，才会看见才能。

1944 年

思想平和。这是做哲学的人所渴求的。

为什么我就不该运用和其原初用法对立的那种话语呢？拿弗洛伊德来说，他连焦虑的梦都称为一个想要满足愿望的梦，他不就是这么做的吗？区别在哪里？在科学的方法中，新的用法是通过**理论**获得合理性的。如果这个理论是错的，新的扩展用法就必须被放弃。但是，哲学上的扩展用法并不受到有关自然过程的对或错的意见的支持。没有事实能够证明它有理。能够推翻它的东西一个都没有。

我们说："你理解这种表达的，不是吗？嗯，我也正是在你向来理解它的那种意义上使用它的。"（而不是说："……

在**那个**意义上——"）

仿佛意义是词语带到各种使用中的一个光环。

哲学家是那种人，在抵达常识观念之前必须治愈自身思想的许多疾病。

如果说在生活中我们是被死亡所包围，那么也可以说，在我们健康的理性中我们是被疯狂所包围。[1]

想要思考是一回事，有思考的才能是另一回事。

如果说弗洛伊德的释梦理论中有什么东西，那么它是显示了人的心智描绘事实的方式是何等**复杂**。

这种描述的方式是那样复杂，那样不规则，**几乎不能**称之为描述了。

---

[1] 参阅维特根斯坦《数学基础研究》第二版第 302 页的编者注。

1944 年或稍后

我的描绘将难以理解，因为它道出新的东西，但仍有旧材料的蛋壳黏附其上。

104 约 1941—1944 年

是某种挫败的渴望才使人变得狂野吗？（我想到舒曼，但也想到我自己。）

约 1944 年

能够自我革命的人才会成为革命者。

破旧的东西就应该是破旧的。

奇迹，可以说是上帝打出的**手势**。正如一个人静静地坐着，然后打出难忘的手势，上帝让世界平稳运行，然后用象征性事件、自然的姿态伴随圣徒的言语。假如圣徒说话时他周围的树木鞠躬像是在表达敬意，那么这就成为一个例子。——现在，我相信这种事会发生吗？我不相信。

只有事情是以此种特别的方式发生而打动了我，才会让我相信这种意义上的奇迹。于是我会说（例如）：**"不可能看见那些树而感觉不到它们在响应那些话语。"** 正如我会说："不可能看到这只狗的脸而看不到狗对主人的举动保持警觉和全神贯注。"我能想象，单是圣徒的**言语**和生平的传闻就能使人相信树木鞠躬的传闻。可我并没有那样被打动。

当我回家时我期待着惊奇，我不觉得有什么惊奇，所以，我当然就觉得惊奇了。

人们在这个意义上才是信教的，即他们相信自己与其说是**不完善的**，不如说是**有病的**。

任何一个还算是体面的人都会认为自己是很不完善的，

但只有信教的人才会认为自己是**可悲的**。

去信仰吧！这没有害处。

信仰意味着屈从于权威。一旦屈从于它，那么，除非反抗它，否则你不能先是对它表示怀疑，然后重新发现它是可信的。

任何痛苦的呼喊都不会比**一个**人的呼喊更强烈。

而且，**没有**任何痛苦能比单个人所遭受的痛苦更强烈。

因此个人可以遭受极大的痛苦，需要极大的帮助。

基督教只为需要极大帮助的人而设，即，只为遭受极大痛苦的人而设。

整个地球都不会比**一个**灵魂遭受更大的痛苦。

基督教信仰——在我看来——是处在这种**极端**痛苦时的避难所。

陷在这种痛苦中的人敞开而不是收紧他的心，把这种药物吸入自己的心中。

在痛悔的认罪中这样向上帝敞开心扉的人，也对其他人敞开心扉。这样做就会丧失作为特殊的人所具有的尊严，就会变得像个孩子。这就意味着没有官位，没有尊严，和他人没有了距离。只有出于一种特殊的爱，你才会在他人面前袒露自己。可以说承认我们全是坏孩子的那种爱。

也可以这么说：人与人之间的仇恨是由于彼此切断关联。因为我们不想让别人看到自己的内心，既然那里面并不好看。

你当然是继续要为自己的内心感到羞耻的，却不是在人类同胞面前为自己感到羞耻。

没有比一个人感受到的痛苦更大的痛苦了。因为，如果某人感觉自己是在迷途中，这种感觉就是极端的痛苦。

大约 1945 年

言语即行为。[1]

只有非常不幸的人才有权利怜悯别人。

即便对希特勒愤怒也是不理智的，更何况是对上帝。

某人死后，我们在一道安抚之光中看到他的生活。他的生活在迷蒙之中显得圆满。然而对**他**而言，它并不圆满，而是有缺口的、不完整的。对他来说不存在任何抚慰。他的生活是赤裸的，可悲的。

就像是我迷了路，向某人打听怎么回家。他说他会给我指路，和我走在一条平坦的好路上。这条路突然中断。于是我的朋友对我说："你现在要做的，就是从这里把回家的其

---

[1] 参阅《哲学研究》第一卷第 546 节。

余路径给找出来。"

人越是不自知，自我认识越少，他就越是不伟大，不管他的才能有多大。因此我们的科学家是不伟大的。因此弗洛伊德、斯宾格勒、克劳斯、爱因斯坦是不伟大的。[1]

1946 年

所有人都是伟人吗？不是的。——那么，你岂能有望成为伟人！某种不给你同类的东西为什么应当给你呢？出于什么目的？！——如果不是你那种致富的**愿望**让你觉得自己富有，那一定就是某种观察某种体验告诉你的！你（除了虚荣的体验之外）有什么体验呢？只不过是你有某种**才能**。我要成为非凡人物的幻想当然比我对自己特殊才能的体验久远**得多**。

舒伯特不信宗教，忧郁凄凉。

---

[1] 此为《杂论集》1978 年新增补的段落。

舒伯特的乐曲可以说充满了**高潮**，对莫扎特的就不能这样说。舒伯特是巴洛克。你可以指着舒伯特乐曲中的某些地方说：瞧，这是这首乐曲的要点，这是乐思到达顶点之处。

我们可以用这个准则考察不同作曲家的乐曲，即每种树都是"树"这个词的不同**意义**上的"树"。换言之，不要被我们说它们都是乐曲这句话所误导。它们是一条路上的各个阶段，而这条路是从一个你不会称作乐曲的地方通向另一个你不会称作乐曲的地方的。如果你只是看到音符的排列和音调的变化，所有那些构造无疑就似乎处于同一层面。但如果你看到它们居于其中的那个场（因而顾及它们的意义），你就会倾向于说：旋律在这里和在那里是大为不同的（在这里，它有着不同的来源，扮演着不同的角色，诸如此类）。

思想逐渐通向光亮。

尤库杜斯在《失去的笑》[1]中谈到，他的信仰端赖于他

---

[1] 《失去的笑》是瑞士德语作家戈特弗里希·凯勒（1819—1890）的作品。

的知见，如果对他来说现在事情进展顺利，那么他的命运就会逆转——这其实是在表达和这句格言相同的宗教："赏赐的是耶和华，收取的也是耶和华。"[1]

正确地理解自己是困难的，因为，你做某件事**可能**是出于慷慨和仁慈，一样有可能是出于怯懦或冷淡。诚然，人们可能是由于真爱而如此这般行事，但同样有可能是因为欺诈，因为冷酷的心而这么做。与此相似，并非所有的温和都是仁慈。只要我沉浸在宗教中，那些疑虑就有可能被压制住。因为只有宗教才会摧毁虚荣心，渗入每一处角落和缝隙。

如果你大声读出文字并且想读得**出色**，你就要让生动的形象伴随文字。至少要**经常**如此。但有时候［"从雅典到哥林多……"[2]］，标点符号的使用，亦即准确的语调和停顿的

---

[1]《旧约·约伯记》1：21："我赤身出于母胎，也必赤身归回；赏赐的是耶和华，收取的也是耶和华。耶和华的名是应当称颂的。"
[2] 歌德《哥林多的新娘》。

长度对我们来说才是重要的。[1]

要相信那种我们自己看不见其真相的事物明显很难。举例来说，如果我听到几个世纪中的卓越人士表达对莎士比亚的赞赏，那我根本就摆脱不了这种怀疑：赞美莎士比亚是已成惯例的行为，尽管我必须对自己说不是这么回事。需要弥尔顿那样的权威才真正令我信服。就他来说，我把他的廉正视为当然。——但我说这话当然不是想说，那么多文学教授全都缺乏主见，出于似而非的理由对莎士比亚滥加赞赏。

------

[1]　新版如下：

"因此我想要说的是，比方说，如果一个人无法亲身**体会** 'je ne sais pas' 中的 'pas' 也可理解为 '脚步' 的话，那么，如果有人教导他要 '以这种含义说出这个词'，那他也是无法学会这种声音的表达的。

"如果你大声读出文字并且想读得**出色**，你就要让生动的形象伴随文字。至少要**经常**如此。但有时候［'从雅典到哥林多……'］，标点符号的使用，亦即准确的语调和停顿的长度对我们来说才是重要的。"

中译者按：法语 pas 除了在 je ne sais pas（我不知道）中构成"否定"的语法结构，该词的另一个意思是"脚步"（step）。

深入地把握难题乃是困难之所在。

因为，如果你是以肤浅的方式阐释它，那么难题就仍然是难题。必须将它连根拔起。这就意味着你必须开始以新的方式思考那些事物。这个改变，举例来说，和从炼金术的思考方式到化学的思考方式的改变一样具有决定性。——新的思维方式是非常难以建立的。

它一旦建立起来，旧的问题就会消失。它们确实会变得难以重温了。因为它们是被嵌入我们表达自己的方式中的。如果我们给自己穿上新的表达方式，旧问题就会和旧服装一起被丢弃了。

公众目前怀有的或起码是表示出来的对原子弹的歇斯底里的恐惧近乎表明，现在只有这一次是做出了真正有益的发明。这种恐惧起码让人觉得是面对一剂真正有效的苦药的恐惧。我无法摆脱这样的想法：如果这里没有好东西，那些**市侩**就不会大声抗议了。但这或许也是一种孩子气的想法吧。因为我确实只能说，原子弹提供了那种可怕的邪恶、令人作呕的肥皂水科学的终结、毁灭的前景，这当然不是一种让人不快的想法，但谁能说出在这场毁灭**之后**会发生什么？眼下发言反对生产原子弹的人无疑是知识分子中的**人渣**，但即便如此，也并不是无可争辩地证明他们所憎恶的东西是值得欢迎的。

人是人的灵魂的最佳图画。[1]

往昔人们进入修道院。他们也许是头脑简单的或迟钝的人？——嗯，如果那种人是为了活下去而采取这种措施，那问题就不可能是简单的！

莎士比亚的比喻，**从一般意义上讲**是差的。所以，如果说它们仍然是好的——我不知道它们是不是——它们就该是自行其是的。举例来说，也许是它们的腔调赋予其可信度和真实感。

可能就莎士比亚而言，最重要的就是他的毫不费力，他

---

[1]　参阅维特根斯坦《哲学研究》第二部分第四章。

的独断专行。因此，如果你真的有能力欣赏他，那你就必须如其所是地接受他，好比说，就像你接受大自然，接受一片风景那样。

如果这么说是正确的，那么他整个作品的风格，我是指他的全集的风格，就是那种本质性的东西，是为他提供正当性的东西。

那么，我不理解他就可以被解释为我不能**轻而易举地**阅读他了。也就是说，不能像人们观看一片壮丽的风景那样。

人足以看清楚他拥有什么，却看不清楚他是什么。他是什么可以和他的海拔高度相比，这多半是不能立即判断出来的。一部作品是伟大还是平庸，取决于创作者所站的位置。

但你同样可以说：错误地估计自己的人绝不会是伟大的，是用灰尘蒙住自己双眼的人。

用多么小的思想填满一生！

正如有人毕生都环游在同一个小国中，认为在它之外什么都没有！

你以古怪的视角（或投射）看待每一件事物：你始终在周游的国度给你的印象是它们特别大；周边国家在你看来像是狭窄的边境地区。

要潜到深处，你不必远行，在自家的后花园里你就能这么做。

很**不寻常**的是，我们应该倾向于把文明——房屋、树木、汽车等——视为人和他的来源，人和崇高的事物、永恒的事物等的隔离。我们的文明环境，即便是其植被，在我们看来也是廉价的，用玻璃纸包裹起来的，与一切伟大的事物隔绝的，可以说是与上帝隔绝的。这是现在强加给我们的一幅不寻常的图画。

我的"成就"很像发明了一种新演算法的数学家的成就。

有时候如果人们不做点蠢事，任何聪明的事都不会做成。

纯粹的肉身可以是神秘的。比较天使与魔鬼的描绘方式。所谓"奇迹"必是与此相联系。奇迹，可以说必是一个

神圣的姿态。

你使用"上帝"一词的方式并不表明你指的是**谁**，而是表明你指的是什么意思。

在斗牛中，公牛是悲剧的英雄。它先是被痛苦逼得发狂，然后缓慢而可怕地死去。

英雄直面死亡，是真正的死亡，不是死亡的画像。在危机中表现得体，并不意味着能够像在剧院里那样演好英雄角色，而是意味着能够正视死亡**本身**。

因为一个演员可以扮演许许多多的角色，可最后毕竟正是**他自己**，他作为人，是必须要死亡的。

什么是带着理解倾听一个乐句？什么是带着对其表情的敏感注视一张脸？什么是饱览那张脸上的表情？

想一想某个画画的人的行为，他带着对其表情的理解画出那张脸。想一想作素描的人的脸、动作——是什么显示出他的每一个笔触都听命于那张脸，显示出他的画中没有任何随意的东西，显示出他是一个**精密**的仪器？

这确实是一种**体验**吗？我是说，能把这叫作在表达体验吗？

而且，什么是带着理解倾听一个乐句或演奏一个乐句？别去听你自己的心声。而是问问你自己，是什么让你说**别人**就是这么做的？**是什么**导致你说**他**有一种特别的体验？事实上，我们真是这么说的吗？说起别人，难道我不是更喜欢说他有大量的体验吗？

或许我会说，"他在强烈地体验那个主题[1]"，但要问问你自己，这句话表达的是什么？

然后你又可能会认为，对主题的强烈体验**"存在"**于我们来伴随它的运动感觉之类的东西中。看来这（又）是一个让人宽心的解释。可你具备信以为真的任何理由吗？我是指，比如说，这种体验的回忆？这个理论岂非又只是一幅图

---

[1] 此处"主题"（theme）指"音乐主题"，"主旋律"。

画了吗？不，事情不是这样的：这种理论只是试图把所有这些表达情感的动作都冠以一个"经验"的名。

如果你问我，我是如何体验那个主题的，或许我会回答说，"作为一个问题"或类似的东西体验，或者我会带着表情用口哨把它吹出来等等。

"他在强烈地体验那个主题。他聆听时某些东西就在他心里出现。"唔，究竟是**什么东西**？

难道主题并不指向它自身之外的任何东西？喔，是的！但这却意味着——它给我的印象是与它周遭的事物相连——例如，与德语及其声调的存在相连，而这却意味着与我们的语言游戏的整个场相连。

如果我举例说这儿就像是在得出结论，这儿就像是在确认什么，或者**这一点**就像是对此前问题的回答——那么我清楚地理解它的方式就是以我对结论、确认和回答等的熟悉为先决条件的。

主题，和脸一样，是带着表情的。

"重复是**必要**的。"在什么方面是必要的？嗯，唱一唱你就会明白，只有重复才会给它巨大的力量。——难道我们就没有感觉到，就好像现实中存在着一个针对这个主题的模型，如果这个乐段被重复，那么主题就是在接近模型并与之相符？或者我该说"重复只是让它听起来更美"这种废话？（顺便说一下，你可以在那儿看到"美"这个词在美学中扮演着何等愚蠢的角色。）然而主题之外恰恰**是**没有任何范例的。然而主题之外还**是**有范例的：我们的语言、思想和感情的节律。再者，主题是我们语言的一个**新的**部分，它成为语言的组合成分，我们认识到一种新的**姿态**。

主题和语言相互作用。

播种思想是一回事，收割思想是另一回事。

《死神和少女》[1] 的主题的最后两个小节线⌒⌒。在领会它更深刻的表达之前，亦即在领会此处充满意义的平淡之前，起初有可能认为这是一个平淡的、习用的修饰音。

"别了！"

"全世界的痛苦都存在于这两个字当中。"它怎么会存在于它们之中呢？——它和它们密切相关。言语像是从中能长出**橡树**的橡子。[2]

世界语。我们用**编造的**派生音节说编造的词语时，就会感到厌恶。那是冷冰冰的、缺乏关联的词语，却充当着"语言"。纯粹的书面符号系统则不会使我们如此厌恶。

---

[1] 舒伯特所作的歌曲。1824年，舒伯特把这一歌曲的主题变奏曲作为《第十四弦乐四重奏》（又名《死神与少女四重奏》）的第二乐章。

[2] 新版如下：

"'别了！'

"'全世界的痛苦都存在于这两个字当中。'它怎么会存在于它们之中呢？——它和它们密切相关。言语像是从中能长出**橡树**的橡子。

"但是从橡子里长出橡树的法则是在何处制定的呢？嗯，作为经验的结果，这幅图画融入了我们的思想。"

你可以给思想标上价格。有些花费多，有些花费少。〔布劳德的思想花费都**很少**。〕你如何为思想付钱？我想是勇敢地付钱。

如果生活变得难以忍受，我们就会考虑改善。但最为重要和有效的改善，我们自身态度的改善，几乎都没有发生在我们身上，而只有碰到极大的困难时，我们才决定要这么做。

或可用形式上缺乏新意的风格——像我的风格那样——但对词语精挑细选的方式写作。或者相反，用**形式**上具有新意、**刚**从自己身上长出来的风格写作。（当然还可以用那种将旧家具马马虎虎地补缀在一起的风格写作。）

除了其他的说法之外，我相信基督教的这个说法：纯正的教义全然无用。它说：你必须改变你的**生活**。（或是你生活的**方向**。）

它说：所有的智慧都是冷的。正如你不能在**冷却**时打铁，你也不能用智慧让你的生活步入正轨。

因为纯正的教义不必**抓住**你，你可以像遵循医生处方那样遵循它。——但这儿你必须让某种东西把你抓住，让你转身。——（换言之，这是我对它的理解。）一旦转过身来，你就必须**坚持**这个转身。

智慧是没有激情的。相比之下，克尔凯郭尔把信仰称为**激情**。

宗教可以说是大海深处平静的底部，不管浮面的浪有多高，底部总保持平静。

"以前我从未相信过上帝"——这我理解。但不是"以前我从未真正相信过**他**"。

我常常害怕发疯。我是否有理由假定这种恐惧并非源自一种所谓的视错觉：把某物看作近旁并不存在的深渊的错觉？我所知道的表明它不是幻觉的仅有的**体验**，是莱瑙的体验。因为他的《浮士德》有着我也熟悉的一种思想。莱瑙把它们放进浮士德的嘴里，但它们无疑是有关他自身状况的思想。重要的是浮士德就其**孤独**或**孤立**所谈的看法。

我也觉得他的才能和我的相似：许多浮渣——但有些许**精纯**的思想。他的《浮士德》中的故事都很糟糕，但观察常常真实而不凡。

莱瑙的《浮士德》的显著之处是人只和魔鬼打交道。上帝漠然不动。

培根在我看来不是那种**精确的思想家**。他有着巨大的可以说是广泛的愿景。但一个只拥有这些的人势必慷慨许诺，而在试图信守诺言时就势必捉襟见肘。你可以**拟想**一个飞行器，对它的细节却缺乏精确设想。你可以在外观上把它想象得非常接近真的飞机，想得生动具体。此种捏造一定没有用处，也不见得。或许它会激励其他人去做不同类型的工作。——因此，当其他人可以说从很早以前就着手建造一架真正会飞的飞机时，他却一心梦想这种飞机必须呈现怎样的面貌，具有怎样的功能。到目前为止，这还**丝毫没有**提到这些活动的价值。这位梦想家的活动**可能**是没有价值的——而其他那些人的也同样如此。

无须将疯狂视为疾病。为何不该将它看作突然的——多少有点突然的——性格变化呢？

每个人（或绝大多数人）都是多疑的，也许对自己的亲戚比对其他人更甚。他们有任何不信任的理由吗？既有又没有。理由可以给出，但并非令人信服。为什么一个人不该对其他人突然变得**更加**多疑？为什么不该**更加**孤僻，或更缺乏爱？难道人们没有即便是在寻常的过程中也变成这样吗？——在这种情况下，意志和能力的界线何在？是我**不愿**再对任何人敞开心扉，还是我**不能**？如果这么多的魅力都能失去，为什么不能失去一切？如果人们即便是在正常生活中也是相互提防的，他们为什么不该——**也许**突然地——变得**更加**提防他人？而且**更加**难以接近？

如果思维的要点赤裸裸地暴露出来，未能得到心灵呵护，诗中的教训就**讲得过分**了。

是的，钥匙可以永远躺在锁匠遗弃它的地方，从不用于开启师傅锻造它来开启的那把锁。

"我们该把这些现象与**不同**的东西比较了。"——人们会说。——我想到，例如，精神病。

弗洛伊德那些异想天开的伪解释（正因为它们充满才气）是在造成危害。

（现在每一头蠢驴在它们的帮助下都能轻易"解释"疾病的症状。）

音乐中的讽刺。举例来说，瓦格纳的《名歌手》[1]中的讽刺。第九[2]的第一乐章的小赋格中的讽刺，无与伦比地更加深刻。这是与言语的辛辣讽刺的表达相符的东西。

我同样可以说音乐中的扭曲。在我们说的因悲哀而扭曲

---

[1] 瓦格纳三幕歌剧《纽伦堡的名歌手》。
[2] 指贝多芬第九交响曲。

的特征这个意义上。当格里尔帕策说莫扎特只赞成音乐中的"美"时，我想他的意思是莫扎特不赞成扭曲、可怕，他的音乐中丝毫没有与**此**相符的东西。是否很正确我不说，但假设事情就是如此，格里尔帕策这种按理来说不该不如此的想法却是一种偏见。自莫扎特（当然尤其是经由贝多芬）以来音乐扩大了语言范围，这一点既不需要赞同也不需要谴责，倒不如说**就是**这么一回事。格里尔帕策的**态度**有些忘恩负义。难道他想要**另一个**莫扎特？他能想象这样一个人可能会谱写的东西吗？如果他不了解莫扎特，他还能想象得到吗？

在这里，"美"的概念也造成了很多危害。

概念**可以**减轻危害或加深危害，促进危害或抑制危害。

白痴笑嘻嘻的脸固然会让我们认为**他们**并不真的受苦，可他们是受苦的，只是和较聪明的人不在同一部位。他们可以说没有**头痛**，但别的苦难和其他人一样多。毕竟不是所有的苦难都要引起**相同**的面部表情。一个高尚的人在受苦时会显得和我不一样。[1]

我不能跪下祈祷，因为好像我的膝盖僵硬了似的。即使我变得柔软，我也害怕溶解（我自身的溶解）。

我在给学生展示一个他们不可能完全熟悉的巨大景观的片段。

---

[1] 新版有增补，如下：

"生活的根本的不安全感。举目所见尽是悲惨。

"白痴笑嘻嘻的脸固然会让我们认为他们并不真的受苦，可**他们**是受苦的，只是和较聪明的人不在同一部位。他们可以说没有**头痛**，但别的苦难和其他人一样多。毕竟不是所有的苦难都要引起**相同**的面部表情。一个高尚的人在受苦时会显得和我不一样。"

1947—1951

1947 年

预言世界末日的真正观点，就是事情**不会**重演。这样的看法并不荒谬，例如：相信科技时代是人性终结的开始；相信伟大进步的观念以及真理终将被认识的观念是一种迷乱；相信科学知识不存在善的或可取的东西，而探求科学知识的人类是在坠入陷阱。说事情并非如此，这一点是绝不明显的。

一个人的梦想其实是永远不会实现的。

苏格拉底，他总是把诡辩论者弄得哑口无言——难道把人弄得哑口无言是**理所应当**的吗？诡辩论者固然不知道他自以为知道的东西，但这并不是苏格拉底的胜利。事情不可以是"你看！你不知道吧！"，也不可以是得意扬扬地宣称：

"因此我们谁都不知道！"[1]

智慧是冰冷之物，在此意义上是愚蠢之物。（而信仰却是激情。）也可以这么说：智慧只是对你隐瞒了生活。（智慧像是冷灰，覆盖灼热的余烬。）

看在上帝的分上，别怕说废话！但是别忽视你的废话。

大自然的奇迹。

我们可能会说：艺术向我们**显示**大自然的奇迹。这是基于大自然的奇迹的**概念**。（花开，就是花在绽放。这有何**奇妙**可言？）我们说："看它是如何绽放的吧！"

某人梦想的哲学、艺术、科学的远景即使实现也只能是偶然的。他在梦想中看见的东西是他自身世界的延伸，**或许**

---

[1] 新版在这一段后面另起一段增补如下：

"因为我思考并不是为了证明自己（或是其他任何人）的思维不够清晰，故我不会为了测试自己是否仍然不理解某件事而试图去理解它。"

是他的愿望（或许不是），但不是现实。[1]

数学家对大自然的奇迹（晶体）当然也能表示惊奇，但是，一旦对他所看到的**东西**提出问题，他还能这么做吗？如果他为之惊叹或瞻仰的对象被罩上一层哲学的烟雾，是否就真有可能这么做呢？

我可以想象某人欣赏树，也欣赏树的影子或倒影，并错把它们当作树。可一旦他告诉自己那些毕竟不是树，如果它们是什么或它们和树有什么关系对他来说是个问题，他的欣赏就会出现一道眼下需要弥合的裂隙了。

有时候句子只要按照**恰当的速度**读就可以读懂。我的句子都应该**慢慢地**读。

第二个乐思接续第一个乐思的"必要性"。（《费加罗》

---

[1] 新版在这一段后面另起一段增补如下：

"还会发生这样的事，例如，某人的照片随时间而起了变化，简直就像是他因为照片而在衰老似的。但照片是依据自身法则而发生变化的，这些变化何以必须平行导向于那个真实之人的进展呢？"

序曲 [1]）没有比这更愚蠢的话了，说听到两个乐思的相继是"宜人的"。——但那种放之四海而皆准的范例当然是不清楚的。"这是自然的展开。"你打着手势，想要说"当然是了！"——你也可以把这种过渡比作，比如说，故事或诗歌中（新角色登场）的过渡。**这**就是这个作品纳入我们思想和情感世界的方式。

我心灵的褶皱总是容易粘在一起，为了敞开内心，我需要不停地将它们撕开。

一部愚蠢而天真的美国电影能够只是因其愚蠢并且**凭借**这种愚蠢而给人启发。一部昏庸的、不天真的英国电影不能给人任何教导。我经常从一部愚蠢的美国电影中学到东西。

我所做的无论如何都是值得付出努力的吗？嗯，只要它能收到上方的一道光线，就值得。如果真是这样，那我为什么要惦记劳动成果不被窃取呢？如果我写的东西确实有价

---

[1] 指莫扎特的四幕歌剧作品《费加罗的婚礼》的序曲。

值，那怎么会有人从我这儿偷走这价值呢？如果**少了**上方的那道光，那我无论如何也不过是聪明而已。

我完全能够理解，何以有人会觉得其发明或发现的优先权受到质疑是**可恶的**，何以他会想用尖牙和利爪捍卫这种优先权。**可**这只是虚妄罢了。诚然，**克劳迪乌斯**[1]对牛顿和莱布尼茨之间的优先权纠纷嗤之以鼻，这在我看来太廉价、太轻易了，可我仍然认为这种争吵确实只是源于卑劣的弱点，是由**恶俗**之人培育的。如果牛顿承认莱布尼茨的原创性，那他会失去**什么**呢？什么都不会失去！他会得到很多。可这样一种承认是何等不易，对试图这么做的人来说，显得像是在自认无能。只有尊重你同时又**爱**你的人才能让你**容易**这么做。

问题当然是在于**嫉妒**。有此体验的人，都应该不断告诉自己："这是个错误！这是个错误！——"

随着每一个高价的思想而来的是一大堆廉价的思想：其

---

[1] 马蒂亚斯·克劳迪乌斯（1740—1815），德国诗人。

中甚至有几个是有用的。

有时人们看见思想，就像天文学家看见远方的星星。（或至少看起来是这样。）

如果我写了一个**好**句子，碰巧是两行押韵，这就会是一个**瑕疵**。

从托尔斯泰关于艺术作品传达"一种情感"的错误理论中可以学到**不少**。——如果不能说是一种情感的表达，那确实可以说是情感的一种表达或是一种被感受到的表达。你也可以说，人们是在与它产生"共鸣"、对它做出反应的意义上理解它的。你可能会说：艺术作品不求传达**别的事物**，只求传达它自身。正如我去拜访某人，我并不是真正想要在他身上产生这样那样的情感，而主要是想要拜访他，当然也想受到很好的招待。

说艺术家希望另一个人在阅读时应该感受到他写作时感受到的东西，这真的就很荒谬了。我想我能理解一首诗（譬如说），像作者希望的那样去理解它——可**他**在写这首诗时可能感受到的东西，却**根本**不关我的事。

正如我不会写诗，我写散文的能力也是**有限度的**，不能再进一步了。我可以写的散文是相当有限的，我超不出**这个限度**，正如我写不了诗。我的装备**就是**这样构成的，这是我仅有的装备。就像有人说的：在这个游戏中我只能达到**这个**而不是**那个**完美的水准。

任何一个完成一部重要作品的人，都**可能**在其心中见到、梦到其作品的续篇、续集。但是，如果结果真是像他梦想的那样，那就与卓越无异了。如今，不相信你自己的梦想当然是容易的。

尼采在某处 [1] 写道，最出色的诗人和思想家也都会写下平庸和拙劣的东西，但是他们分离出优质材料。不过事情并非完全如此。园丁在花园中确实是把肥料、**垃圾**、稻草和玫

---

[1]　尼采《人性的，太人性的》第一卷第 115 节。

瑰放在一起的，但区分它们的并不只是它们的价值，主要还在于它们在园中所起的作用。

看似坏句子的东西能够成为好句子的**胚芽**。

"鉴赏"力不能产生新的有机体，只能将已存在的校正。鉴赏力松开螺丝，拧紧螺丝，不会产生新的原创作品。

鉴赏力校正，而并不分娩。

鉴赏力让事物变得**合意**。

（因此我认为伟大的创造者不需要有鉴赏力：产儿降生到世上是完全成形的。）

润色打磨**有时**是鉴赏力的工作，有时不是。

我有鉴赏力。

最精微的鉴赏力也是与创造力**无关**的。

鉴赏力是感受力的精炼，但感受力**不起作用**，它只是吸收同化。

我**不**能判断究竟我只有鉴赏力，还是我也有独创性。前者我能够清楚地看见，后者却看不清楚，或是只能不太清楚地看见。或许事情只能这样，你只能看见你**拥有**什么，看不见你是什么。一个不撒谎的人就相当有独创性了。因为，值得希求的独创性终究不会是一种把戏或个人特质，不管这种特质是有多么显著。

事实上，不想成为你所不是的人，这已经是一颗良好的独创性的种子了。这些别人以前都**更好**地说过了。

鉴赏力能够让人快乐，但不能够抓住（人）。

你能够用一种新的语言在某种程度上恢复一种旧的风格，可以说用适合我们时代的那种方式使之重现。这样做其实只是在复制。我在建筑工作 [1] 中做过这件事。

可我的意思**不是**说要将一种旧的风格修剪一新。你没有

---

[1]　指维特根斯坦为姐姐格蕾特尔建造房子。见本书第 87 页脚注 1。

将旧的形式拿来修理，以符合时下的口味。不，你其实是在说着旧的语言，也许是不知不觉地，却是以属于这个较新的世界的方式说着旧的语言，然而，未必因此就是那种符合其口味的语言。

有人**这样**做出反应，他说："不是**那样**！"——便加以抵制。从这种局面中或许会发展出同样是不堪忍受的局面，到那时任何进一步反抗的力量或许都被耗尽了。我们说："如果**他**没有**那样**做，坏事就不会发生了。"但是凭什么这么说？谁懂得社会发展的规律？我可以肯定地说，即便是最聪明的人也不知道。如果你要战斗，你就战斗。如果你要心怀希望，你就心怀希望。

有人能够战斗、希望甚至信仰，但不是**科学地**信仰。

科学：富足和贫困。这**一种**方法把所有其他方法挤到一边。好像与之相比它们统统是不足道的，至多像是初级阶段。你必须下到源头，看见它们并肩而立，既看到被忽视的也看到被重视的。

是只有**我**才不能创立学派，还是哲学家永远都不会这么做？我不能创立学派，因为我真的不想被人效仿。无论如何都不想被那些在哲学期刊上发表文章的人效仿[1]。

"命运"一词的使用。我们对过去和未来的态度。我们是在何种程度上对未来负责的？我们对未来有多少推测？我们如何思考过去和未来？如果不愉快的事情发生——我们就会问"该怪谁"吗？我们就会说"一定有人要为此负责"吗？——或者我们就会说"这是上帝的意志"或者"这是命运"吗？

问一个问题并坚持要一个答案或不去问这个问题，这表达了一种不同的态度，一种不同的生活方式，从这个意义上说，像"这是上帝的意志"或"我们不是自己命运的主人"这样的话**同样**表达了一种不同的态度和不同的生活方式。这个句子所做的，或至少与此相类似的，一条诫命也可

---

[1]　维特根斯坦曾将英国主流哲学期刊《心灵》的智力与道德水准比作美国的低俗侦探杂志。

以做。包括你给自己的诫命。相反,一条诫命——例如"勿怨恨"——可以说得像是对真理的确认。[1]

命运是自然规律的对立面。自然规律是你试图探究并利用的东西,但命运不是。

我完全不知道我是否希望别人来继续我的工作,正如我完全不知道我们生活方式的某种改变会不会使所有这些问题变得多余。(因此我永远无法建立一个学派。)

----

[1] 新版随后增补以下段落:

"眼下我为何如此迫切地想要将'陈述句'的这些用法区分开?这真有必要吗?往昔的人们难道真的没有正确理解他们用一个句子想要做的事?这是迂腐吗?——这不过是想要看到每种用法都有其用途。其次,这也可能是—种对将科学捧上神坛的态度的反抗。'科学'一词用于'可以被毫不荒谬地言说的一切'就已经显示了这种高估。因为这实际上是等于将话语分为两类:好的和坏的;而危险正潜伏在此。这近乎将所有动物、植物、岩石分成有用的和有害的。

"但是,'看到它们有其用途'和'高估'这些话当然是表达了我看问题的立场。我本来可以这样说:'我想帮助这个和这个重新获得尊重。'只是我不愿意从这样的角度来看问题。"

哲学家说:"**这样**来看待事物!"——但是首先,这不是说人们会这样来看待事物;其次,他的告诫也许来得实在太晚。这种告诫也可能收不到任何成效,让感知事物的方式产生此种变化的动力必须来自另一个方向。例如,除了其读者的头脑的表层之外,培根是否推动了什么[1],这一点是完全不清楚的。

对我来说没有比这更不可能的了,即那些阅读我的科学家或数学家的工作方式会由此而受到严重影响。(在这个方面,我的告诫像是英国火车站售票处的告示[2]:"您的旅行确有必要吗?"仿佛读告示的人都会"仔细一想,**没有**必要"似的。)这里需要的,是和我携有的枪炮完全不同的一种枪炮。我最有可能得到的结果仍是,首先,由于我的刺激,**一大批**垃圾被写出来,然后这**也许**会为好东西提供一种刺激。

---

[1] 麦考利在评价培根的哲学时曾说,培根是"推动过那些推动了世界的人"。

[2] 在第二次世界大战及稍后的一段时间里实行。

我应该永远只求最间接的影响。

例如：没有比在历史书中唠叨原因和结果更愚蠢的了；没有比这更执迷不悟、更半生不熟的了。——但谁能通过那样**说**就制止这种事呢？（这就像是我想通过谈论去改变男女时尚。）

想一想人们如何评论拉博的演奏："他**在说话**。"多么稀奇古怪！如此让人联想到说话的这种演奏是什么东西？我们觉得这种与说话的相似性不是次要的东西，而是重要、重大的问题，这有多么不寻常啊！——我们想要把音乐，当然是**某种**音乐，称为语言，但无疑不想把**某种**音乐称为语言。（倒不是说这需要涉及价值判断！）

书籍充满活力——不是像人，而是像蚂蚁堆。

人们不断忘记抵达根基。人们没有把问号打得足够深。

新概念生育时的阵痛。

"智慧是灰色的。"另一个方面，生活和宗教充满了色彩。

科学和工业及其进步，可能是今日世界中最持久的东西。对于目前和未来的**很长**一段时间来说，任何有关科学和工业即将崩溃的猜想或许都不过是一种梦想。科学和工业在经过极大的痛苦之后，或许将以极大的痛苦统一这个世界，我是指把世界融合为一个帝国，然后无可否认的是，和平在这里面将找不到归宿。

因为科学和工业决定了战争，至少看起来是这样的。

别让你自己对那种想来只有你才在做的事情感兴趣！

我的思想大概是在一个比我认为的还要狭窄得多的圈子里活动！

思想慢慢浮到表面，像气泡。

有时就好像你可以把一种思想、一个观念看作远处地平线上一个模糊的点，然后它经常是以惊人的速度靠近。

我相信，只要国家管理不善，就会促成家庭管理不善。那种随时准备罢工的工人是不会培养孩子去尊重秩序的。

上帝准许哲学家洞悉每个人眼前的事物。

生活像是山脊上的小路，两边是滑溜溜的斜坡，你顺着这一边或另一边往下滑，刹也刹不住。我不断看到人们这样滑落，便说："人如何能在这种境地里自救！"这就叫作"否定自由意志"。这就是这种"信仰"表现出来的态度。但这不是一种**科学的**信仰，和科学的信念无关。

否定责任是指不让人**承担**责任。

某些人的鉴赏力和一种有教养的鉴赏力的关系，正如视力不佳的眼睛接受视觉印象和正常的眼睛接受视觉印象的关系。正常的眼睛看得清清楚楚的地方，弱视的眼睛看见的是一团团模糊的色斑。

懂得太多的人会感到不撒谎是难的。

我很怕有人在屋里弹钢琴，以至于每当有人弹琴而弹奏终止时，我都有一种琴声仍在持续的错觉。我能清清楚楚地听到，尽管我知道这都是我的想象。

在我看来，好像宗教信仰只能成为热情投身于坐标系（的那种东西）。因此，尽管它是**信仰**，其实却是一种生活方式，或是一种评估生活的方式。热情地接受**这种**诠释。宗教信仰的教导因此就必须是在描绘、刻画这个参照系，同时诉诸良知。两者的结合将最终导致被教导者自己主动而热情地接受这个参照系。就像是某人一方面要让我看到我无望的境地，另一方面要描绘那个救援锚，直到我自愿地，或至少不是由**导师**牵着手地冲向它并抓住它为止。

或许有朝一日这种教化将产生一种文化。

那时将会有一部 18 世纪、19 世纪和 20 世纪的真正的发现史，这将引起人们极大的兴趣。

在科学研究的过程中，我们的表述五花八门。我们弄出许多话语，而我们并不理解它们在研究中的作用。因为不是我们所说的任何东西都理所当然地有一个已知的用途，但我们的舌头却在动个不停。我们的思想在既定的路线上活动，根据我们所学的技巧自动转向。现在是鉴定我们言谈的时候了。我们做了一大堆没有促进用途甚至是阻碍用途的动作，现在我们必须在哲学上澄清我们的思想过程。

在我看来，要理解这些东西我还有很长的路要走。距离这一点，即知道我必须谈什么和我不必谈什么，我还有很长的路要走。我仍不断纠缠于细节，却一点儿也不知道是否应该讨论这些东西。我的印象是，我可能是在视察一大片区域，只是为了最终对它不予考虑。但即便如此，那些思考也不会是没有价值的。换言之，只要它们不只是在兜圈子。

1948 年

做哲学时，你必须下降到旧时的混乱中并在那里感到安适。

天才是性格得以传达的才能。因此我要说，克劳斯有才能，罕见的才能，但不是天才。

确有那种天才闪光之处，尽管**显著**运用才能，你却没有注意到那种才能。例如："因为牛和驴也能做事……"[1] 奇怪的是，这句话比（例如）克劳斯写过的任何东西都要伟大得多。你在这里不仅看到一具智力的骨骼，而且还看到一个完整的人。

这也就是为什么一个人所写的东西的伟大有赖于他所写的任何其他东西和他所做的任何其他事情。

---

[1] 这是德国物理学家、作家格·克·利希腾贝格（1742—1799）所写的《梯莫如斯》序中的一句话。这句话的完整表述是："因为牛和驴也能做事，但迄今只有人才能给你保证。"

在梦中，甚至在醒来**很久**之后，梦话都会让我们觉得意义重大。难道同样的幻觉在清醒时就不可能有吗？我觉得这些日子**我**有时就有这样的幻觉。精神病人往往是这样的。

这里我写的东西可能是微弱无力的。嗯，那我就不能够勉力说出重大、重要的事物了。不过，那些微弱无力的言论却隐藏着巨大的发展前景。

席勒在一封（我想是写给歌德的）信[1]里写到"诗兴"。我想我懂他的意思。我相信我本人对此是熟悉的。这是一种敏感于自然的心境，人的思想在这种心境中似乎和自然一样生气横溢。但奇怪的是，席勒并没有写出更好的东西（或者在我看来是这样），因此，我还不完全相信**我**在这种心境中写出的东西是有价值的。这种时候给我的思想以光彩的，很有可能是从背后照耀它们的一道光芒。它们**自身**很有可能是不发光的。

---

[1]　席勒 1795 年 12 月 17 日致歌德的信。

当别人前进时，我止步不前。

（关于序言[1]。）我不无勉强地将此书公之于众。它将落到一群其中多数人我不愿想象它落入其手的人手里。但愿它很快——这正是我所希望的——被哲学记者彻底遗忘，或许就会被更正直的一类读者铭记在心。

只有我在这里写的一个句子才偶尔向前跨出一步，其他句子像是理发师的剪刀在剪着，为了适时剪上一刀他必须让剪刀动个不停。

由于我在更为遥远的领域不断碰到我无法回答的问题，我在不那么遥远的领域仍找不到出路的原因也就变得清楚了起来。因为我怎么知道，这里阻碍着答案的东西正好不是阻碍我去扫清那边的迷雾的东西呢？

葡萄干也许是蛋糕的精华，一袋葡萄干却不比一块蛋

---

[1]　为《哲学研究》撰写的序言。

糕好。能够给我们满满一袋葡萄干的人并不能用它们烤制蛋糕，更不用说是做出更好的蛋糕了。

我想到克劳斯和他的格言，但也想到我自己以及我的哲学评论。

蛋糕似乎不是稀疏的葡萄干。

颜色刺激哲学探讨。也许这可以说明歌德对颜色理论的热情。

颜色似乎给我们提供一个谜，是刺激我们——而非激怒我们的一个谜。

人类可以把他们所有的邪恶看作盲目。

如果马勒的音乐真的没有价值，正如我所相信的那样，那么问题在于我认为他应该如何对待他的才能。因为很显然，这种糟糕的音乐是用**一套极罕见的才能**创作出来的。他应该，比方说，写出交响曲然后付之一炬吗？或是应该违背自己的意愿不去把它们写出来？他应该把它们写出来并认识到它们是没有价值的？但是他如何能够认识到这一点？我看到这一点，因为我能拿他的音乐和伟大作曲家的音乐比较。可**他**不能那样做，因为想到那样做的人或许会对其作品的价值抱有疑虑，因为他无疑是看到，他可以说并不具有其他伟大作家的天性——但这并不意味着他会急于接受这种无价值；因为他始终能对自己说，他固然不同于其他人（他无论如何都钦佩的人），却以另一种方式出类拔萃。也许我们可以说：如果你钦佩的人没有一个像你，那你大概就会相信自己的价值了，只因为你就是**你**。——即便某人是在与虚荣心做斗争，只要斗争没有完全成功，他对自己作品的价值就仍会自昧自欺。

但最大的危险似乎在于将自己的作品置于比较的境地。首先是由自己，然后是由其他人将它和往昔的伟大作品比较。这种比较压根儿就不该考虑。因为，如果今天的状况确实是如此不同于曾经有过的状况，那么你无法在**样式**上将你的作品和先前的作品比较，也同样无法将它的**价值**和其他作品的价值比较。我自己就不断地犯着我讲到的那种错误。[1]

集群：例如民族情感。

叫唤动物的名字时它们会过来。就像人类。

我提出无数不相干的问题。但愿我能劈开一条通过这片树林的道路！

我确实想用频繁的标点符号减缓阅读速度。因为我想要被慢慢地阅读。（像我自己阅读的那样。）

我想培根在其哲学工作中陷入了泥沼，这种危险也威胁着我。他对一座庞大的建筑有鲜明的概念，可真的想要深入细节时它却消失了。就好像是他的同时代人已经开始在地基上建造一座伟大的建筑，仿佛**他**在想象中看见了类似的东西，这样一座建筑的美景。说不定和那些正在施工的人相比，把它想象得更加壮观呢。为此需要对方法**略有**所知，但

---

[1] 新版另起一段增补一句："公正决定一切！"

并不需要任何建筑工作的才能。但糟就糟在，他对实际从事建筑的人发起论战，要么是没有认识到，要么是不想去认识**他的**局限性。

从另一个方面来说，要认清那些局限，亦即将它们清楚地勾画出来，却是极为困难的。换言之，可以说找到一种描绘这种模糊性的画法是极其困难的。而我想要不断地告诉自己：“只画出你看到的东西！”

在弗洛伊德的解析中，梦可以说是被肢解了。它**完全**失去了原有的意义。你或许会把它看作舞台上的表演，剧情有时相当难解，但局部也完全是可以理解的，或至少看上去是这样。仿佛这个情节随后被撕成了小块，每一块都被赋予一种完全不同的意义。你也可以这样想：在一页大纸上画一幅画，然后将纸折叠，使得原先画中毫不相属的部分显得彼此扦格，组成一幅新的图画，它可能是有意义的，也可能是没有意义的（这幅新的图画就成了显性梦境，原先的图画就成了"隐性梦境"[1]）。

现在我能想象，某人看到展开的画面会惊呼："对，这就是答案，这就是我梦见的东西，但没有缺口没有走样。"正是这种认可才会使这个答案成为答案。正如你在写作时搜寻一个词，然后说："就是**它，它**表达了我想表达的意思！"——你的认可将这个词标记为已经找到，即标记为你在寻找的那个词。（在这种情况下也许真的可以说：只有找到了它的时候，你才知道你在找什么——颇似罗素有关愿望的论述。）

梦之奇妙有趣，并不在于它和我的生活事件等有**因果**联系，倒是在于这一点：它像一个故事的片段那样影响了我们，确实是一个非常**生动**的片断，剩余部分则躺在黑暗中。（我们想要说："这个形象到底是来自哪里？它变成了什么？"）是的，如果现在有人向我说明这个故事是不正确的，说它其实是基于一个完全不同的故事，弄得我想要快快地说

---

[1] 参阅弗洛伊德的释梦理论。弗洛伊德认为，我们梦到的内容只是其表面部分，称为显梦；而我们真正要探究的，是它背后隐藏的潜意识动机，也就是隐梦。

"哦，怎么是**这样**？"，那么我真的好像是被剥夺了什么东西。当那张纸展开时，原先的故事当然要瓦解。我见到的那个人是取自**这里**，他的言语是取自**那里**，梦里的环境又是取自别的地方，但梦中的故事却依然有其自身的魅力，像一幅吸引我们并激发我们的图画。

当然可以说，我们是带着灵感在**深思**梦的画面的，我们正是受到了激发。因为，如果我们把梦告诉别人，那种画面通常是不会激发他的。梦就像是某种孕育着潜在意蕴的思想。

约 1947 年—1948 年

建筑颂扬某些事物并使之永垂不朽。因此在无物可颂扬之处就不会有建筑。[1]

---

[1] 此句在新版中有三种变文："一、建筑颂扬某种东西（以其持久之故）。它颂扬其意图。二、建筑颂扬某些事物并使之永垂不朽。因此在无物（可不朽并且）可颂扬之处就不会有建筑。三、建筑颂扬某种东西（以其持久之故）。因此在无物可颂扬之处就不会有建筑。"

1948 年

从每一个错误中锻造一个钱币。

理解并解释乐句。——有时最简单的解释是手势，别种解释可以是舞步，或是描述舞蹈的话语。——但我们对乐句的理解难道不是我们在听它时所具有的体验吗？那样的话，解释具有什么功能？我们听音乐时应当考虑**它**吗？我们聆听时应当想象舞蹈或诸如此类的东西吗？假设我们这么做——为什么要称之为带着理解听音乐？如果观看舞蹈是重要的，那就莫如表演**舞蹈**，而非演奏音乐。但这都是误解。

我给某人一个解释，告诉他"这就像是……"，于是他说"哦，现在我理解它了"或"哦，现在我知道怎样演奏它了"。最重要的是他没有必要**接受**这个解释，这毕竟不像是我给出了充分的理由，让他考虑这个小节应当和那个小节以及另一个小节比较。例如，我并没有向他解释说，根据作曲家的声明这个乐句应当表现这个或那个。

假如我现在问："当我听这段旋律并理解我听到的东西时，我实际上体验到的是什么？"——我回答时除了俗套之外什么都没想到。诸如形象、动力感觉、想法等等。

我的确会说："我附和它。"——但这意味着什么？这**大概**意味着，我听音乐时伴以手势。假如我们指出，毕竟这种动作多半是做得很不完全的，我们或许就会得到回答：这种不完全的动作是追加了形象的。但让我们仍然假定，某人确实是用分量十足的动作给音乐伴奏的——从哪方面说明**这就**是理解音乐？是否我想说，这种动作就是理解，或他的动力感觉就是理解？（我对它们了解多少？）——确实，在某些情况下，我会把他做的动作当作其理解的标志。

但我是否能说（假如我拒绝将形象、动力感觉等当作解释），理解只是一种不可被进一步分析的具体经验？嗯，只要这么说并不意味着它应当是一种具体的**经验内容**，那就说得过去。因为**这些**词让人想起像看、听、嗅的区别的那种区别。

那我们应该如何对人解释"对音乐的理解"？说出理解

者所体验到的形象、动力感觉之类的东西？**更有可能**是指出理解者的表达性的动作。——无论如何还是有一个问题，解释在这里具有什么功能？理解"对音乐的理解"，这是什么意思？有人确实会说，理解"对音乐的理解"，就是指自己去理解音乐。那么问题就是"我们能否教人去理解音乐"，因为只有那种教学才能被称为解释音乐。

欣赏音乐有一种确定的**表现**，既出现在聆听和演奏的过程中，也出现在其他时刻。有时这种表现包含动作，但有时只包含理解者演奏或哼唱的方式，偶尔也包含他所做的比较和他可以说是用来阐明音乐的观念。相比不理解的人，针对某段音乐，一个理解的人听得不一样（比如带着不同的面部表情），谈论得不一样。然而，他对某段旋律的欣赏并不仅仅显示在伴随着聆听或演奏这段旋律的表现之中，还显示在对一般而言的音乐的欣赏之中。

欣赏音乐是人类生活的表现。如何向人描述它？嗯，我想我们应该先去描述**音乐**。然后就能描述人类和它的关系。但仅仅这么做就行了呢，还是教他自己去欣赏音乐也应该是这个过程的一部分？嗯，比起不培养鉴赏力的教学，培养他的鉴赏力就会在**不同的**意义上教他什么是欣赏。此外，教他欣赏诗歌或绘画能够成为解释什么是音乐的组成部分。

我们的孩子已在学校里学习到，水由气体氢和氧**组成**，糖由碳、氢、氧组成。不懂的人是愚蠢的。最重要的问题被隐藏了起来。

如果把一个星形图形——比如说六角星——视为相对于给定轴的对称图形，这个星形图形的美就会受到损害。

巴赫说他的全部成就只是勤勉的结果。但这样的勤勉预设了谦卑和忍受痛苦的巨大能力，因而也预设了力量。况且还是能完美地表达自己的人，简直是用伟人的语言对我们说话。

我认为当今的人类教育旨在削弱受苦的能力。如今，孩子们过得快乐的学校就算是好学校了。过去这**不**是评价标准。父母希望孩子成为他们的样子（仅此而已），可他们给孩子的却是一种和他们自己**大为**不同的教育。——忍受痛苦的能力不被高度评价，既然不该有什么痛苦，那痛苦就真的是过时了。

"事物的乖戾。"——一种没有必要的拟人说。我们可以谈论这个**世界**的恶意，很容易设想魔鬼创造了世界或它的一部分。**没有必要**设想恶魔在特定情况下干预。一切都可能"按照自然规律"发生，只不过总体方案从一开始就以邪恶为目标。只是一个人存在于这个世界中，此中的事物破碎、打滑，造成各种可以想象的危害。他当然是其中的一种事物。——物体的"恶意"是一种愚蠢的拟人说。因为真理比这种虚构严肃得多。

某种修辞手法可能是有用的，但我可能被禁止使用。例如，叔本华的"宛若"[1]。它有时会有助于更为宜人和清晰的表达，但不能被某个视其为陈腐的人所用。他一定不会漠视

---

[1]　表示打比方的修辞用语或手法，德语原文"als welcher"，一种比较古雅、过时的用语，意为"就像是""如同"等。此处译为"宛若"，勉强对应，未能达意。

这种看法的。

宗教信仰和迷信大为不同。一个是出于**恐惧**，是一种伪科学。另一个是信任。

如果不存在具有植物的精神生活的动物，那就几乎是奇怪的。换言之，缺乏精神生活。

我认为可以把这视为自然史的一条基本法则：每当事物的性质"具有某种功能"或"服务于某个目的"时，同样的事物也会在不服务于任何目的甚至在"功能失调"的情况下发生。

如果梦有时保护睡眠，你就可以指望它有时打扰睡眠。如果梦的幻觉有时服务于**合理的**目的（想象的愿望的满足），你就同样可以指望它唱反调。不存在"梦的动力学理论"[1]。

精确描绘异常现象的重要性是什么？假如你做不到，那

---

[1] 弗洛伊德有关释梦的精神分析学理论。

就表明你并不通晓概念。

我太柔和，太脆弱，因此过于懒散而做不成任何重要的事。除了其内在的财富外，伟人的勤奋也是其**力量**的一个标志。

如果上帝真的挑选那些要被拯救的人，他就没有理由不根据国籍、种族或气质挑选他们。这种选择就没有理由不在自然法则中体现出来。（他当然也**能够**这样挑选，使得这种选择遵循某个法则。）

我一直在读圣十字若望[1]的作品摘录，其中写道，人们没有那种适时找到贤明的精神导师的福分，所以他们就走向了毁灭。

那你怎么能说，上帝不会要求人们去做力所不及的事呢？

我在这里固然是想说，歪曲的概念造成了极大的危害，

---

[1]　圣十字若望（1542—1591），西班牙灵修作家，加尔默罗男修会改革者，著有《攀登加尔默罗山》等。

但事实上，我根本就不知道何者为善、何者为害。

我们不能忘记：即便是我们更精制、更冷静的顾虑也有直觉的根据。例如，"我们根本就不知道……"的那种顾虑。仍能接受进一步的争论。教不会这个的人就会给我们以精神低下的印象。**仍然**不能形成某种概念。

如果睡时的梦和白日梦有相似的功能，那么其部分用途〈是〉让人为**任何**可能发生的（包括最糟糕的）事情做好准备。

如果一个人能够不折不扣地相信上帝，那他为何不能相信他人的心灵？

这个乐句于我而言是一种姿态。它潜入我的生活。我把它化为己有。

生活的无穷变化是我们生活不可缺少的一部分。因此也正是生活的习惯性特征的一部分。表情于我们而言**端赖**〈于〉难测性。如果我们确切地知道他会怎么做鬼脸，会怎么动，那就不会有面部表情，不会有姿态。——但真是这样吗？——我毕竟可以反复听一首我（完全）记熟的曲子，它甚至可以由八音盒演奏出来。它的姿态于我而言仍是姿态，尽管我始终知道接下来要奏出的乐句。事实上，我甚至可能会再次感到惊讶呢。（在一定的意义上。）

诚实的宗教思想家像是走钢丝的演员。他看起来简直像是行走在空气之中。他的支撑物是可以想象的最纤细的东西。但步行其上确实是可能的。

不可动摇的信念。（例如对承诺的信念。）难道它不比对数学真理的认识确定？——（但这就使得语言游戏变得更加相似了！）

这对我们的方法很重要：有人可能会对某些人感到忧虑，他永远也不会知道他们的内心活动。他永远也不会理解他们。（欧洲人眼中的英国女人。）

我认为这是一个重要而显著的事实：一个音乐主题，如果〈用〉（非常）不同的节拍演奏，就会改变其**性质**。从量到质的转变。

生活的问题表面上难以解决，只有深入才能解决。它们在表层是难以解决的。

在一次对话中：有人投掷一个球，另一个人不知道他是应当把球掷回，还是应当掷给第三者，还是应当把它留在地上，还是应当捡起来放进他的口袋等等。

伟大的建筑师（范·德·努尔[1]）在糟糕的时期所面临的任务完全不同于在良好的时期所面临的任务。你不能再让自己被通用的术语蒙蔽了。不要把可比性而要把不可比性视为理所当然。

没有比构造虚构的概念更重要的了，这终将教会我们去理解我们自己的概念。

***

[1] 爱德华·范·德·努尔（1812—1868），奥地利建筑师。

"思考是困难的"（沃德[1]）。这到底是什么意思？它为什么是困难的？——这几乎像是在说"看是困难的"。因为专注地看是困难的。你可能会专注地看却一无所见，或是一直想着看见什么却看不清楚。即使什么都看不见，你也会看得很疲倦。

　　当你无法解开一个结时，最明智的做法是认识它，最体面的做法是承认它。[反犹主义。]

　　该做什么来祛除邪恶是**不**清楚的。某些情况下什么**不**可以做是清楚的。

　　值得注意的是，布施的画经常被称为"形而上"。那就存在着一种形而上的画法了。——有人可能会说："把永恒作为背景来观看。"[2] 然而，只有在一种整体语言中那些笔触才

---

[1]　詹姆斯·沃德（1843—1925），英国哲学家、心理学家。

[2]　参阅维特根斯坦《1914—1916年的笔记本》中的"1916年10月7日"的内容。

具有这种含义。这是一种没有语法的语言，你说不出它的规则是什么。

查理大帝年老时试图学习写作，但失败了。当某人试图学会一种新的思路时，可能同样会失败。他在这个方面永远也不会变得流利起来。

一种用严谨的节奏说出因此也能用**节拍器**的拍子说出的语言。乐曲至少可选择用节拍器演奏，像我们的乐曲演奏的那样，这一点并不是理所当然的。（全然以节拍器的拍子演奏第八交响曲的那个主题。[1]）

一个社区中的所有成员都有相同的面貌，这就已经足以让我们无法理解他们了。

如果一个错误的思想如此大胆而清楚地表达出来，那就已经收获了很多。

———————————

[1] 贝多芬的第八交响曲。

只有比哲学家更疯狂地思考，你才可以解决他们的问题。

设想某人观看钟摆时想：上帝让它那样摆动。嗯，难道上帝连依照一种计算而行动的权利都没有吗？

一个才能远甚于我的作家怕是仍然只有很小的一点才能。

人类在工作时会出于一种**生理**需要而想道："让我们现在就把它做完吧。"正是在做哲学时不顾此种需要，非连续思考不可，才使这项工作那么的费力。

必须**承认**你自己风格上的缺陷。几乎像是承认你自己脸上的瑕疵。

总是要从聪明的荒芜高峰下到愚蠢的绿色山谷。

我有那种经常只好心甘情愿地做非做不可的事情的才能。

传统不是谁都学得会的东西，不是某个人只要什么时候愿意就能捡起来的一根线，正如你不能选择自己的祖先。

没有传统而想要拥有传统的人，就像是那种不幸的恋人。

幸福的恋人和不幸的恋人各有各的苦处。

但是，不幸的恋人比幸福的恋人更难做到举止大方。

摩尔[1]用他的悖论捅了哲学的马蜂窝。如果那些马蜂并没有及时飞走，那只是由于它们过于倦怠了。

在精神领域，一项计划通常是不能重新开始的，而且也不该重新开始。那些思想给新的思想肥田。

如果你写的东西不易理解，那你就是一个差劲的哲学家吗？如果你是个更好的哲学家，你就要让难懂的东西变得容易理解。——但谁说这是可能的？！［托尔斯泰］

人的最大的幸福是爱情。假设你谈的是精神分裂症患者：他不爱，他无法爱，他拒绝爱——区别是什么？！

---

[1] 乔治·爱德华·摩尔（1873—1958），英国哲学家、新实在论及分析哲学的创始人之一。

"他拒绝……"的意思是：这在他的能力范围内。**谁**想这么说？！

嗯，就什么而言我们会说"是在他的能力范围内"？——在我们想要做出区分的情况下，我们会这样说。我能举起**这个**重物，但我不愿意举；我**不能**举起那个重物。

"上帝已经下令这么做，因此我们一定能够这么做。"这话毫无意义。它并不存在什么"**因此**"。这两个表述至多可能是在说同一个意思。

"他已经下令这么做"在这里的意思大概是指：任何不这么做的人他都将惩罚。丝毫不从能力来推定。而**这**就是"神恩选择"的意义。

但这并不意味着这样说就对："即便我们**无法**采取其他行为，他也要惩罚。"——不过，或许有人会说：这是在恐怕不可对人类进行惩罚的情况下施加了惩罚。这里"惩罚"的整体概念就改变了。因为老一套的解说不能再应用了，否则现在就必须以完全不同的方式应用。只要看一看《天路历程》那样的寓言就会发现，就人类而言，没有什么是正确的。——可它依然是不正确的吗？换言之：它不能被应用吗？事实上，它一直是被应用的。（火车站有双指针标度盘；它们显示下一班火车离开的时间。它们外观像时钟，但不是时钟，而是有某种用途。）（这里应该有一个更好的比喻。）

对那种被这个寓言搞得心烦意乱的人，可以这样说：以不同的方式去应用它，要不干脆就别去理会它！（但**某些人**因此而感到的困惑远胜于因此而得到的帮助。）

读者自己能做的，就留给读者去做。

我几乎自始至终都是在书写和我自己的对话。我和我自己面对面交谈的东西。

野心是思想的死亡。

幽默不是一种心情，而是一种看待世界的方式。因此，如果说幽默在纳粹德国被根除了这句话是对的，这并不是指人们兴致不佳之类，而是指某种更深刻更重要的东西。

两个人在一起大笑，或许是为一个笑话而笑。其中一个说了有些不寻常的话，现在他们俩都爆发出羊叫似的声音。对从完全不同的环境来到我们中间的人来讲，这或许显得**非常**的怪诞。而我们却觉得这完全是**合理**的。

（最近我在公共汽车上目睹了这一幕，能把自己想象成对此感到不习惯的人。它给我的印象就非常荒谬了，像一种异域风情的**动物**的反应。）

1949 年

"节庆"的概念。于我们而言是与狂欢作乐相关，也许在另一个时代只是与恐惧和害怕相关。我们称为"谐趣"的东西和我们称为"幽默"的东西无疑不存在于其他时代。两者都在不断变化。

"风格即其人"，*"风格即其人本身"*。[1] 第一个表述有着廉价的警句式的简洁。第二个是正确的表述，开启一个完全不同的视角。它说，人的风格是其**画像**。

有播种的评论，有收获的评论。

从概念的单个碎片中拼出这些概念关系的全貌，对我来说**太难**了。这方面我做的工作只能是很不完美的。

假如我让自己为某件可能发生的事做好准备，那你就可以相当肯定它不会发生。也许。

明明知道某事却要装作不了解它，这是**很难**的。

确有这种状况，有人觉得他心里想说的比语言能表达的要清楚得多了。（我经常出现这种状况。）就好像人们能非常

---

[1]　原文 "Le style c'est l'homme"，"Le style c'est l'homme même"，系法国作家布丰（1707—1788）的名言。

清楚地记住一个梦，却无法好好地讲述它。实际上，对作家（我）来讲，图像经常逗留在词语的背后，以致词语**似乎在对我**描绘那个图像。

中流作家切忌过快地以正确的表达来替代粗糙的、不正确的表达。那样做他便扼杀了那个初始意念，而它至少还是一棵活的幼苗。现在它枯萎了，不再有**任何**价值。现在不如把它扔到垃圾堆里去。然而，那棵可怜的幼苗仍是有一定的用处的。

终究**有所**成就的作家也变得过时，是和这一点相关：他们的作品辅之以自身的时代背景时，就会对人们说出强有力的语言。然而没有这种辅助，它们就会消亡，像是丧失了赋予其色彩的照明设备。

数学证明的美，像帕斯卡也体验到的那种美，我相信是和这一点相关。内在于**这种**观察世界的方式，这些证明才是**美**的——不是浅薄的人所说的那种美。各种"镶嵌"中的水晶也是不美的——尽管或许处处显**得迷人**。

正如所有时期都不能让它们自己摆脱某些概念的掌握——例如"美的"和"美"的概念。

我本人对艺术和价值的思考，比一百年前人们**可能**有过的思考更加幻灭。然而，这并不意味着因此便更加正确。它仅仅意味着我首先要考虑的是衰退期的事例，而当时那些人**首先**要考虑的不是这个。

麻烦就像疾病，你必须忍受它们：你最糟糕的作为，是反抗它们。

它们也会来攻击，由内因或外因而引发。然后你必须告诉自己："又一次攻击。"

科学问题或许会让我觉得有趣，可它们从来不会真正引起我的兴趣。唯有**观念的**和**美学的**问题才会对我产生那种效应。说到底，我对科学问题是否得到解答毫无兴趣，但对其他的问题却不是这样。

即便我们的思考不兜圈子，我们也仍然是时而大步穿过问题的丛林径直步入空地，时而游荡在蜿蜒曲折、不会把我们带到外面空地的小径上。

安息日不只是一段用来休息、复原的时间。我们应该从外部而不只是从内部来注视我们的工作。

哲学家就应该这样相互致意："悠着点！"

永恒而重要的事物常常对人隐藏在一道不可穿透的面纱后面。他知道表面之下有东西，而他却无法**看见**它。那道面纱反射着日光。

人何以不该变得极度不幸呢？这是一种人的可能性。像在《科林斯小事》[1]中那样，对那些球来说，这是一条可能的途径。或许还不是最稀罕的途径。

对哲学家来说，在愚蠢的山谷里比在聪明的荒芜高峰上

---

[1]　系歌德的作品。

有更多的青草生长。

钟表的等时性和音乐的等时性。它们绝非等效的概念。以**严谨**的节拍演奏并不是指按照节拍器演奏。但某种**类型**的音乐可能应该是由节拍器演奏的。（这种类型的第八交响曲[1]〈第二乐章〉[2]开头的主题？）

不用惩罚的概念能解释地狱惩罚的概念吗？或者说，不用仁慈的概念能解释上帝仁慈的概念吗？

如果你想用你的话语取得正确的**效果**，那肯定是不行的。

假设有人受到教导：如果你做这个和那个，如此这般地生活，死后就会有一个存在物把你送去永受折磨的地方；绝大多数人最终要去那儿，极少数人去往永享幸福的地方。——这个存在物事先选定了去好地方的人。而且，既然只有过着某种生活的人才去受折磨的地方，那他也是事先就

---

[1] 贝多芬的第八交响曲。

[2] 根据冯·赖特的理解，这应该是第二乐章。

选定了要过那种生活的人。

这种教义可能会产生什么效果？

嗯，这里没有提到惩罚，倒是提到一种天道。如果它是以这样一种启示向人说明，那他从中得到的就只能是绝望或怀疑了。

教这个不能成为一种道德教育。如果你想从道德上教育人，却这样来教他，那你恐怕就必须在道德教育**之后**去教他这种教义，把它说成某种不可理解的谜。

"出于他的仁慈，他选择了他们，而且他将惩罚你们。"这句话实在没有意义。前后两个部分属于看待事物的不同角度。后一部分是伦理的，前一部分不是。跟前一部分连在一起，后一部分是荒谬的。

"Rast"和"Hast"[1] 押韵是偶然得之。但这是难得的偶

---

[1]　德语 Rast（休息）和 Hast（匆忙）押韵。

然，而且你能够**发现**这个难得的偶然。

在贝多芬的音乐中，我们所谓的讽刺的表达首次出现。例如，在第九的第一乐章中。而且对他来说，这是可怕的讽刺，或许是命运的可怕讽刺。——在瓦格纳的音乐中，讽刺再度出现，但是变成了布尔乔亚的东西。

你可以确凿无疑地说，瓦格纳和勃拉姆斯各以各的方式模仿了贝多芬，可在他那里是广宇星空，在他们那里却是尘俗。

同样的表现方式出现在他的音乐中，却遵循不同的律则。

在莫扎特或海顿的音乐中，命运又不扮演任何一种角色了。这不是这种音乐的**关切**。

那头蠢驴托维 [1] 在某处说道，这种情况或类似的情况，和莫扎特没有机会接触某种文学有关。就好像这一点被认定了似的，只有书籍才使大师的音乐变成大师的音乐。当然，书籍和音乐是有联系的。但要是莫扎特在阅读中没有发现任

---

[1] 唐纳德·托维（1875—1940），英国作曲家、钢琴演奏家。

何伟大的**悲剧**，难道这就意味着他在**生活**中没有发现过它？难道作曲家永远只有透过诗人的眼镜片才能看见？

只有在相当特殊的音乐语境中才有三部对位这种东西。

音乐中富于感情的表现。它不是以音量高低或节奏快慢来描绘的。正如富于感情的面部表情不可根据物质在空间中的分布来描绘。事实上，它甚至不能用范例来解释，因为以真实的表情演奏一首乐曲的方式可以有无数种。

据说上帝的本质确保其存在——这其实是在说，此处争论的不是某物存在的问题。

因为难道我们同样不能说颜色的本质确保其存在吗？与（比如说）白象对照而言。这么说确实只是意味着除非借助颜色标本，否则就无法解释"颜色"是什么，"颜色"这个词是什么意思。所以在这种情况下就不存在"如果颜色**是**存在的，它就会是什么样子"这种解释了。

现在我们可以说：如果奥林匹斯山上有诸神，就能有那是什么样子的描述——但不可以说："如果有上帝，就能有那是什么样子的描述。"这是要更精确地确定"上帝"的概念。

我们是如何被教会"上帝"这个词（即其用法）的？我无法给出一个详尽而系统的描述。但我能在某种程度上对这种描述做些贡献。我可以对此说点什么，或许迟早会收集一类集合的例子。

为此要考虑的是，在字典里人们或许想要对用法给出这种描述，但实际上人们却只给出几个例子和解释。但也要考虑的是，所需不过如此。一个极长的描述能有什么用？——嗯，如果它涉及我们已经熟悉的语言中的词语用法，它对我们来说就没什么用。但如果我们碰到亚述语的词语用法的这种描述，那会怎样？用什么样的语言描述？比方说用另一种我们已经熟悉的语言。——在这种描述中，"有时"这个词就会屡屡出现，或是"经常"，或是"往往"，或是"几乎总是"，或是"几乎从不"。

要构成一幅这种描述的好图画，是很困难的。

总之，我基本上是个画家，常常也是个蹩脚的画家。

人们没有相同的幽默感，这个时候会怎么样呢？他们彼此就不能做出正确的反应。就像某些人当中有一条不成文的规定，一个人把球掷给另一个人，他应该接住球后把它掷回去。但有些人不是把球掷回去，而是把它放进了自己的口袋。

或者说，有人不知该如何领会另一个人的趣味，那会怎么样呢？

一幅牢牢地扎根在我们身上的图画确实可能会被比作迷信，但也可以这样说，我们**始终**必须达成某种坚定的立场，不管是不是一幅图画，因此，作为我们整个思想根源的那幅图画应当受到尊重，而不应当被看作迷信。

假如基督教是真理，那所有关于它的哲学就都是谬误了。

文化是一种奉行。或至少是以某种奉行作为前提的。

讲述一个梦，一个回忆的大杂烩。常常形成意味深长而暧昧不清的整体。可以说是一个片段，给人**强烈的**印象（**有时候**是这样），因此我们会寻找解释，寻找关联。

但为什么**这些**回忆**现在**出现了？谁会说明？——它可能跟我们目前的生活相关，因此也跟我们的愿望、恐惧等相关。——"但你的意思是说，这种现象必定存在于特定的因果关联中？"——我的意思是说，谈论其原因的发现不一定有意义。

莎士比亚和梦。梦完全是错误的、荒谬的、合成的，却完全是正确的：它用**这种**奇怪的调制给人深刻印象。为什么？我不知道。如果莎士比亚是伟大的，像人们说的那样，那关于他我们就必定能够说：一切都是错的，事情**不是那样的**——尽管如此，按照其自身的法则却完全是正确的。

也可以这样说：如果莎士比亚是伟大的，那只有在其创造了**自身的**语言和世界的**戏剧全集**中他才是伟大的。所以他完全不现实。（像梦。）

1950 年

一个人的性格可能会受到外部世界的影响（魏宁格），这也并不稀奇。因为这只是意味着，正如我们从经验中知道的，人随环境而变化。如果有人问：人以及人的道德怎么**能够**受其环境挟制？——回答是，他可能真的会说"没有人愿意屈服于强制"，可在这种情况下，他还是会这么做的。

"你没有**必要**这么做，我能给你指出一条（不同的）出路——可你不会采纳的。"

我不认为莎士比亚可以和其他诗人放在一起。
也许他是**语言的创造者**而非诗人？

我只能惊奇地注视着莎士比亚，对他一点办法都没有。

我深深地怀疑绝大多数莎士比亚崇拜者。我认为麻烦在于，至少在西方文化中，他是独自站立的，因此，人们只能把他放错位置。

莎士比亚**不像**是出色地描绘了人的类型，不像是在这个方面**忠实**于生活。他**没有**忠实于生活。可他具有如此灵巧的手法，如此个人化的笔触，这使得他的每个角色都显得**突出**，值得观看。

"贝多芬的伟大心灵"——无人能说"莎士比亚的伟大心灵"。在我看来，"这双创造了新颖自然的语言形式的巧手"会更恰如其分些。

诗人其实不能说自己"像鸟儿一样歌唱"——但莎士比亚也许会这么说他自己。

同一主题的小调和大调的特性是不同的，而泛指某一特性属于小音阶却是完全错误的。（舒伯特的大调听起来经常比小调更哀伤。）与此相似，我认为在理解绘画时谈论个别颜色的特性既无根据也无裨益。人们这么做其实只是想到特殊的应用。绿色作为桌布颜色有一种效果，红色有另一种效果，不可就此归结为它们在一幅画中的效果。

我不认为莎士比亚能够反思"诗人的命运"。

他也不能自视为先知或人类导师。

人们简直是惊异地将他视为大自然的奇观。他们没有那种因此而在与一个伟大的人接触的感觉。反倒是在接触一种奇迹了。

我认为，要欣赏一个诗人，你必须同样**喜欢**他所属的文化。如果你对这种文化不以为意或是觉得反感，你的赞赏就会冷淡下来。

如果上帝的信徒举目四望并问道："我见到的每件事物都是从哪里来的？""这一切是从哪里来的？"那他所渴望的并**不**是一个（因果）解释，他提问的重点是这种渴望的表达。他因此是在表达一种面向一切解释的姿态。——但这在他的生活中是怎样表现出来的？

这是这样一种态度，认真对待某件事，可到某个时候就终究不拿它当真了，而且宣布还有更重要的事。

譬如有人会说，这样一个人在完成某件作品之前就死了，这是一个非常严重的问题。从另一种意义上讲，这不是什么要紧的事。人们就此使用"从更深的意义上讲"这句话。

我非常想要说的是，这里也一样，重要的不是你使用的**言语**或你说话时的想法，而是它们在你生活的不同的点上造成的差异。当两个人都说自己信仰上帝时，我怎么知道他们说的是同一个意思？同样的情况也适用于对三位一体的信仰。那种坚持使用**某种**词句并禁止使用其他词句的神学丝毫没有把意思讲得更清楚些。（卡尔·巴特[1]）

可以说，它是在用言语打手势，因为它想要说些什么又不知如何表达。**实践**赋予言语以意义。

有关上帝的证明确实应当成为你借此能让自己相信上帝存在的东西。但我认为，提供了这种证明的**信徒**是想要用理

[1] 卡尔·巴特（1886—1968），瑞士神学家。

智分析其"信仰"并为其"信仰"提出充分的理由，尽管他们自己是从来不会通过这种证明而达成信仰的。"让某人相信上帝存在"是我们借助某种培养、以这样一种方式塑造其生活而可能会做到的事。

生活能教育你"信仰上帝"。**经验**也能这样做，但不是向我们显示"此存在物之存在"的视觉经验或其他的感官经验，而是，比如说，显示各种痛苦。它们不会像某种感官经验表明某个对象那样向我们表明上帝，它们也不会引起对他的**揣测**。经验，思想——生活能把这个概念强加给我们。

因此，它或许是类似于"对象"这个概念。

我无法理解莎士比亚，原因在于我想要在这一切不对称之中找到对称。

在我看来，他的作品可以说是浑似巨幅**速写**，而非绘画。可以说，它们就像是给了自己**一切**许可的人**匆匆画成**的。我能理解何以有人会对此表示赞赏并称之为**最高**的艺术，但我并不喜欢这个。——因此，我能理解站在那些作品面前沉默不语的人，但赞赏他比如说就像是赞赏贝多芬的那种人，在我看来是要误解莎士比亚的。

一个时代误解另一个时代。一个小时代以其自身丑陋的方式误解其他一切时代。

上帝如何审判人是我们完全无法想象的事情。如果他真的考虑到诱惑的力量和本性的脆弱，那他还能谴责谁呢？但如果他不这样考虑的话，这两种力量就不过是因此而导致这个人注定的那种结局了。因此，由于力量相互作用的结果，他便不是为了征服就是为了屈服而被造就的了。但这根本就不是一种宗教思想，而是一种科学假说了。

因此，如果你想待在宗教领域里，你就必须斗争。

瞧瞧人类：一个人毒害另一个人。母亲毒害儿子，反过来也一样，诸如此类。但母亲是盲目的，儿子也是盲目的。或许他们问心有愧，但这对他们会有什么好处？孩子是邪恶的，但没有人会教他变得不一样，父母只会以愚蠢的溺爱宠坏他。他们该如何理解这一点？孩子该如何理解这一点？他们可以说**都**是邪恶的，**都**是无辜的。

哲学没有取得任何进展吗？——是否某人在发痒的部位搔痒，我们才不得不看到进展？否则就不是真正的搔痒或真正的发痒？找到治疗瘙痒的药物之前，这种对刺激的反应难道就不能这样长久进行下去吗？

1951 年

上帝会对我说："我就拿你说的话来审判你。你在别人身上看到了你自己的行为时，你对那些行为就已经厌恶得发抖了。"[1]

并非作为灵感出现的一切都是善的，这是相信魔鬼的那种意识吗？

---

[1] 参阅《新约·罗马书》2：1。

如果你没有通晓范畴，你就不能对你自己做出评判。（弗雷格的写作风格有时是**伟大**的。弗洛伊德写得很好，读他是一种享受，但他的写作一点也不**伟大**。[1]）

---

[1]　参阅《字条集》第 712 节。

附录

一首诗 [1]

如果你将真爱的芬芳

面纱掷在我头上

在手的移动中

丧失知觉的肢体

[1] 关于此诗的来源，冯·赖特在其 1994 年《杂论集》新版序言中说："此诗为霍夫赖特·路德维希·汉塞尔（Hofrat Ludwig Hänsel）所拥有，是维特根斯坦赠送给他的。我们认为这是维特根斯坦创作的。这里的诗是现存打字稿的复制品。也应该有一个手写的版本，可能是遗失了。此诗不知何时所作。"

的轻柔动作就变成了灵魂

你能否抓住它，在它漂动时

在它几无声息地萌动

在它的印记固着于心灵深处时

清晨的钟声响起

园丁在花园的空间里经过

用脚轻轻触摸他的土地　那土地

和花朵醒过来凝视

朝他容光焕发的

宁静的面孔询问：

那么是谁在你的脚上编织面纱

像一丝风轻柔地抚触我们

甚至也是你的仆人西风吗？

是蜘蛛，或是蚕儿吗？

译名对照表

巴赫，Bach, Johann Sebastian

培根，Bacon, Francis（Lord Verulam）

巴特，Barth, Karl

贝多芬，Beethoven, Ludwig Van

波尔茨曼，Boltzmann, Ludwig

勃拉姆斯，Brahms, Johannes

布鲁尔，Breuer, Josef

布鲁克纳，Bruckner, Anton

班扬，Bunyan, John

布施，Busch, Wilhelm

恺撒，Caesar, Julius

查米索，Chamisso, Adalbert von

查理曼大帝，Charlemagne

基督，Christ

克劳迪乌斯，Claudius, Matthias

哥白尼，Copernicus, Nicolas

达尔文，Darwin, Charles

德罗比尔，Drobil, Michael

埃丁顿，Eddington, Sir Arthur Stanley

恩格尔曼，Engelmann, Paul

福特纳姆和梅森，Fortnum & Mason

弗雷格，Frege, Gottlob

弗洛伊德，Freud, Sigmund

歌德，Goethe, Johann Wolfgang Von

译后记

我译的《文化和价值》出过两版，即浙江文艺出版社2002年版《文化与价值——维特根斯坦随笔》和复旦大学出版社2011年版（彭伦将书名改为《维特根斯坦笔记》），再版只对译文做了少许修订。

这次修订实为重译。由于1998年新版《文化和价值》做了大幅度修正，我也想利用这个机会更正旧译的错误。浙江大学哲学系的楼巍教授提供了详细的批评和修改意见；达特茅斯学院的孙嘉瑞、斯坦福大学的丁甲也给予很大帮助；翻译过程中参考了陈嘉映先生的《哲学研究》、王光宇先生的《天才之为责任：维特根斯坦传》、韩林合先生的《战时笔记：1914—1917年》、袁继红等先生的《文人维特根斯坦》、陈波先生的《知识之树》、李步楼与贺少甲先生的《回忆路德维希·维特根斯坦》等著作的译文；浙江文艺出版社的王莎惠女士对译稿做了校阅；浙江大学出版社的周红聪女士、张兴文先生校阅译稿并为编辑此书付出了心血，在此一并致谢。

本书参考布莱克威尔出版社1998年彼得·文奇的英译本译出。我把艾洛伊斯·毕希勒所做的十九个增补放在脚注里，提供新旧版本的对照。正文段落排列顺序，新旧版有时不一样，我觉得不妨碍理解，仍照旧版。句段的分行或合并，偶有差异，我都按照新版处理。毕希勒的注释，属于文本细节校勘，针对的是专业研究而非普通阅读，故未译出。

脚注均为中译者所加，主要是根据《文化和价值》不同版本的脚注和文献资料杂糅而成。书中涉及的人名，如"托尔斯泰""卢梭""康德"等文学史和哲学史常见的，一般都不加注，书尾附有中英文译名对照表，读者可自行查阅。为便于高校学生阅读，中译者仍对一些典故、术语和人名做了脚注。

浙江大学出版社启真馆的王志毅先生，对这个修订译本的出版给予大力支持，在此深表感谢。

译文有不当之处，均由中译者负责，敬请读者朋友批评指正。

许志强

2019 年 12 月 27 日，杭州城西

图书在版编目（CIP）数据

文化和价值：维特根斯坦笔记 /（奥）路德维希·维特根斯坦著；许志强译 . —杭州：浙江大学出版社，2020.9（2025.10重印）（启真·人文）

ISBN 978-7-308-20330-2

Ⅰ.①文… Ⅱ.①路… ②路… Ⅲ.①维特根斯坦（Wittgenstein, Ludwig 1889-1951）—文集 Ⅳ.① B561.59-53

中国版本图书馆 CIP 数据核字（2020）第 108993 号

文化和价值：维特根斯坦笔记

[奥] 路德维系·维特根斯坦 著 许志强 译

责任编辑	周红聪
责任校对	伏健强 闻晓虹
装帧设计	李 岩
出版发行	浙江大学出版社
	（杭州市天目山路 148 号 邮政编码 310007）
	（网址：http://www.zjupress.com）
排 版	北京大有艺彩图文设计有限公司
印 刷	北京中科印刷有限公司
开 本	787mm×1092mm 1/32
印 张	7.25
字 数	99 千
版 印 次	2020 年 9 月第 1 版 2025 年 10 月第 4 次印刷
书 号	ISBN 978-7-308-20330-2
定 价	48.00 元